故宫博物院　编

朱诚如　任万平　主编

内务卷

滕德永　本卷编著

故宫出版社

总　序

　　编纂多卷本的《清宫图典》是故宫学人的职责，也是故宫学人的夙愿。2002年由我任主编，故宫同仁通力合作编纂的多卷本《清史图典》（十二册）出版后，得到学界高度评价，促使我们萌发编纂《清宫图典》的愿望。2015年是故宫博物院九十华诞，我邀请故宫内外学界相关专业同行诸公：任万平（礼仪卷）、李湜（艺术卷）、黄希明（建筑卷）、左远波（生活卷）、于庆祥（政务卷）、滕德永（内务卷）、刘甲良（文化卷）、许静（典藏卷）、赵云田（出巡卷）、李理（禁卫卷）为十卷本《清宫图典》分卷主编，共襄盛举。历三年辛劳，终于付梓。名为《清宫图典》，意在十卷图录在手，能窥真实的清宫政务、生活全貌。

　　以图像记录历史、印证历史，古已有之。中国汉字最早源于象形，即出于图像。中国史书记事记人，向以文字记载为主，但历代学者力主左图右史。只是在当时印刷条件下，图文并茂实不可能。中国历代都有宫廷画家和民间艺人留下一批记录当时人和事的纪实性很强的绘画（包括岩画、壁画），为我们研究当时的历史留下蛛丝马迹。清朝是中国封建社会最后一个王朝，清代宫廷保存了大量的纪实性绘画、晚清的老照片，以及宫廷建筑遗址与各式遗物，为我们提供了研究宫廷历史文化的直观线索，也是我们编纂《清宫图典》的物质基础。高楼大厦不可能凭空搭建，柱础是根本。没有这些图片，就没有图录编纂的可能。

　　中国自古以来就有用绘画图像记事的传统，一些纪实性很强的绘画弥补了文字资料记载的不足，而且某种程度上能提供比文字资料记载更准确、更生动的信息。纪实性绘画分为记人和记事两类。宫廷画家的记人，主要是为帝王、后妃或名臣作"御容"或画像；记事主要是用绘画形式记录当时的重大社会历史事件。西汉毛延寿、唐阎立本都是历史上著名的宫廷画家。阎立本的《步辇图》卷，生动地刻画出唐太宗李世民接见吐蕃松赞干布派来迎娶文成公主的使臣禄东赞的隆重场面。宋代的《迎銮图》卷，绘记了南宋曹勋奉命到金国迎还宋徽宗赵佶灵柩的历史事件。正是绘画的这种无可代替的功能，使郑樵认为"图谱之学，学术之大者"（郑樵《通志》）。到明清两代，东西方海上交通得以开辟，海上交通同样也给东西方文化交流提供了便捷和可能。自明代开始，大批西方文化传播的先驱者——传教士来到中国，他们在传教的同时，也带来了西方先进的科学技术、西方的人文理念，包括西方的文化艺术。西方的绘画技术也逐渐传入中国。一些传教士的高超画艺，得到了中国统治者的认可，他们进而成为宫廷的御用画家，其中最为著名的清代宫廷画家是意大利人郎世宁。郎世宁于康熙五十四年（1715）到达中国广州，时年27岁。他当年即到北京，直至乾隆三十一年（1766）在北京病逝，终年78岁。郎世宁在中国历经康熙、雍正、乾隆三朝，在清宫中充当宫廷画家达52年。郎世宁不仅把西洋画法传到中国，而且为了适应中国皇帝的欣赏品位，在欧洲油画基础上吸收中国画的技法，形成了独特的画风。郎世宁在清宫中培养了一批通晓中西结合画法的宫廷画家，如丁观鹏、张为邦、王幼学等。

在清宫中的外国传教士画家，除著名的郎世宁外，还有王致诚、艾启蒙、贺清泰、安德义等。清代康熙时期，焦秉贞、冷枚、陈枚、唐岱等一些中国宫廷画家和一些民间著名画家也已经开始创作纪实性绘画。其中有王翚为主要作者的《玄烨南巡图》（十二卷）以及与其他宫廷画家合作的《玄烨六旬万寿庆典图》等。康熙后期，郎世宁的入宫，带动了更大规模纪实性绘画的创作，受其影响，一批中国的宫廷画家或合作或独自开始创作纪实性绘画。他们留下了大批南巡、大阅、秋狝、祭祀、行乐等纪实性作品，为我们今天研究清朝宫廷历史文化提供了最为生动的历史画图。绘画中不仅人物逼真，卤簿仪仗、车马轿舆，甚至画面上的头盔甲胄、衣冠服饰、八旗布阵也很逼真。2002 年，故宫博物院在英国举办"乾隆时代艺术展"，其中有著名的《弘历戎装骑马像》，乾隆当时所穿戴的铠甲也同时作为实物展出，画中乾隆穿戴的铠甲，与同时展出的实物铠甲相比，竟然连每一根金丝线都是一样的，令外国观众赞叹不止。2000 年，故宫博物院在台北历史博物馆举办明清家具展，因为展品中有一件乾隆皇帝当年经常使用的交椅，随展同时带去了一幅郎世宁、丁观鹏等中外宫廷画家合作的《弘历雪景行乐图》，图中乾隆皇帝所坐的交椅与展品中的交椅一模一样，器形、色彩、花纹、扶手、尺寸比例都以一丝不苟的工笔写实。更为神奇的是，另一幅《岁朝图》，画的是弘历和诸皇子在宫中欢度春节的场面，其中乾隆的"御容"，以及燃放爆竹的皇子相貌和姿态都与《弘历雪景行乐图》一模一样。纪实性到这种程度，可见这些宫廷画家们为记录历史的真实，确实花费了相当大的功力，从而为我们今天研究清朝的宫廷历史文化留下了丰富的第一手资料。

清朝纪实性绘画从内容上看主要是用来宣扬皇帝的文治武功和威仪，但是我们从每幅画上又会窥见出许多其他社会历史内容。清代宫廷画家留下了许多有价值的纪实性绘画，著名的《万树园赐宴图》就是以纪实手法描绘了我国境内蒙古杜尔伯特部的首领车凌、车凌乌巴什、车凌孟克率部内迁，乾隆皇帝亲自在离宫承德避暑山庄接见，并分别封赐王爵，赏赐贵重礼品，连续大宴十天的宏大场面。奉乾隆皇帝之命，郎世宁、王致诚等传教士画家一直参加这一重大活动，目睹了活动的全过程，对于活动中的重要人物和重大场面，这些宫廷画师均以纪实性手法加以描绘再现，客观记录了清朝政府安抚内迁的杜尔伯特部这一重大历史事件的场面。其他如描绘乾隆皇帝在万法归一殿接见万里迢迢回归祖国的土尔扈特部首领渥巴锡的《万法归一图》屏等。还有一些战图，如著名的铜版画《弘历平定西域战图》一组十六幅，描绘了乾隆时期清政府对西北用兵，平定准噶尔部达瓦齐、天山南路大小和卓木叛乱等重大战事，均有重要的历史价值。

此外，也有大量围绕宫廷和帝王活动的反映清代社会风貌、生产活动、风土人情的纪实性绘画。如著名的《玄烨南巡图》（十二卷）、《弘历南巡图》（十二卷），虽然是以描绘皇帝活动为主，但总体上看是皇帝南巡的纪实，它展现了从北京到江南沿途各地山川河脉、市井乡野、建筑园林、名胜古迹等历史风貌，描绘了大江南北沿途各地士农工商各司其职，以及漕运畅通、商业繁荣等景象。又如《康熙六旬万寿庆典图》两卷，描绘了康熙皇帝六十寿辰盛大的庆典场面。第一卷起自紫禁城的神武门，止于西直门；第二卷由西直门起，止于西北郊的畅春园。它们贯穿了大半个北京城，是当年北京城的风景画。沿途的建筑园林、街市坊间、官军庶民历历在目，再现了京城当年的繁荣景象。《京师生春诗意图》轴，以鸟瞰手法描绘了京城中心地带的全貌，画中正阳门外店铺林立，车马行人栩栩如生，皇宫紫禁城、景山近在眼前。上述画面都是场面宏大的绘画，所以图录范围广泛，历史内涵丰富，史料价值很高。此外，展示清朝大一统皇权统治下的清代农业、手工业、牧业、商业的有《制瓷图》（乾隆朝）、《耕织图》（康熙、雍正朝均有）、《制茶图》（乾隆朝）、《棉花图》（乾隆朝）、《滇南盐井图》（康熙朝）、《广州十三行图》（乾隆朝），以及《香港开埠图》（道光朝）等。清代康熙年间收复台湾后，向台湾派遣官员，大陆的文人学士不断造访台湾，清朝皇帝非常关注台湾，令遣台官员等将台湾地区的风土人情及宝岛的物产情况用绘画形式表现出来，于是有了《台湾内山番地风俗图册》和《台湾内山番地土产图册》。

清代除了大量纪实性绘画外，还有相当数量的老照片流传下来。摄影术发明后，摄影作品成为记录、储存、传递事物形象的特殊讯息载体。留存的历史照片，使人们能够"目睹"已经消逝的前人生活情状。"百闻不如一见"，历史照片可以帮助我们"看见"过去，虽然只是零散的、中断的、瞬间的形象，但它是实在的、具体的、生动的映像。它蕴藏着丰富的历史生活内容。

摄影术是1839年法国政府公布银版摄影法之后才迅速传播开来的。大约也就是1844年，两广总督兼五口通商大臣耆英，在给皇帝的奏折中提到，他曾把自己的"小照"分赠英、法、美、普四国使臣。给耆英照相的摄影师叫于勒·埃及尔，他于1844年以法国海关总检察长的身份到达中国，在广州、澳门、香港等地拍了不少照片，其中部分照片在1848—1853年的法国书刊上陆续复制刊登过，有的还收进了1920年出版的《法国摄影史》一书。照片上还留有摄影者手书的说明文字。这些照片中就有耆英的相片，大约照相术就在此时传入中国。

第二次鸦片战争后，清政府的一些官僚买办兴起了一股办洋务热，引进外资和技术设备，开工厂、修铁路、办矿山等。他们常常把工程进展情况摄制成"照相贴册"出售，有的宣传社会上的重大事件，更多的是汇集风景名胜、戏剧演出等。西方列强用大炮轰开清王朝闭关锁国的大门之际，也正是摄影术开始传播之际。有着悠久文明的东方古国，自然会吸引众多的摄影师来进行"探险""猎奇"的旅行摄影。在抱着各种目的来华的外国人中，有的是旅行摄影师，有的是传教士，有的是跟着侵略军一起打进来的。他们拍摄了大量照片，尽管是为其侵华行为张目，但客观上对沟通中西文化、保存清代社会生活场景起了很大作用。随着时代的变迁，这些独具特色的照片，其历史价值和意义越来越显得重要和宝贵。

随着照相技术的传播，晚清的皇帝和王公官僚们也开始喜欢这些洋玩意儿，他们用相机摄下了晚清皇宫的生活情况。目前故宫博物院保存的两万多块当时留下来的照相玻璃底片，其中就有当年他们的作品。外国列强在枪炮的掩护下，用相机摄下了战火中的中国，那个满目疮痍、民不聊生的中国，这些照片大多保存在欧洲各国的博物馆、图书馆里。晚清皇宫和外国人手中留下的数万张反映当时中国状况的照片，是我们研究清王朝社会政治、经济、文化和宫廷生活等历史的最真实、最可靠的资料，当然具有很高的史料价值。

应该说这些陈旧的老照片所包含的历史生活内容，其丰富性是任何语言文字描述都难以替代的。这些记录着过去时代人们生活情状的照片，尽管只是星星点点的瞬间形象，却可以开阔人们的眼界，增长对已经逝去的时代的见识，从而激起无穷的联想。它们可以弥补历史教科书的某些不足，是认识历史生活、生产、文化、艺术、建筑、服饰、礼仪、宗教等的形象资料，给人以如临其境的感觉。照片中的人物、背景中的建筑园林，都是当时历史的真实载体。至于人物之间的关系、人物与背景的关系，我们则可以结合文献资料的记载，进行研究、判断，从而得出正确的结论，达到还历史本来面貌的目的。

此外，晚清的老照片和纪实性绘画还可以互相验证，而文献记载往往做不到这一点。据朱家溍先生介绍，1947年故宫博物院对太和殿内的陈设进行调整，恢复了清代的原状。因为当时宝座台和台上金漆屏风都是清代原物，只有正中原来的宝座被袁世凯称帝时撤下来，换上了他的一个大靠背椅，这样的陈列，显然不伦不类。因此就决定撤去袁世凯的大靠背椅，换上清代皇帝的宝座。于是准备在文物库房中选择一张形制最大、制作最精的宝座，以为换上去就可以了。挑选了许多，摆上去与屏风总是不相协调。后来从老照片中找出袁世凯撤宝座前的影像，再在故宫内各处寻找，终于找出了这个宝座，虽左边有部分残缺，但右边不缺，可以比照修复。后来又发现一幅康熙皇帝的朝服像，坐的就是这张宝座。此外，还发现乾隆皇帝称太上皇时，皇极殿特制的宝座也是仿制这张宝座制作的。有了老照片和纪实性朝服像上的宝座以及乾隆时的仿制宝座，很快就修复了康熙曾坐过的这张宝座。2002年，我们又根据清代的老照片，把袁世凯时期太和殿内撤去的匾联加以恢复，这样太和殿内的原状陈列终于得到了全部恢复。从中我们可以看出，以老照片为据，从纪实性绘画中得到验证，再找到实物，这样就可以恢复历史上的原状，还历史以本来的面目。可见老照片和纪实性绘画的作用是非常重要的，无可替代的。

这些宝贵的资料虽然从数量上看很多，但收藏分散，国内国外、公家私人都有收藏，搜集齐备很不容易。此外，历史是连贯的，而这些第一手资料也有许多盲区，即许多重大历史事件既无纪实性绘画也无相关照片（或许我们现在尚未发现）。还有一个鉴别问题，纪实性绘画有些是佚名，不能判断准确年代。照片鉴别更难，特别是清代老照片，由于当时照相技术不高，底片模糊，即使很清楚的照片，由于都是一张张孤立的底片，照片上的人物究竟是谁，无从查考，需要花大功夫去鉴别，才能利用。

当然，今日之画像已非昔比。纪实性绘画随着历史的演进，亦有开拓创新。特别是摄影技术的高度发展，把图录历史推向新的高度。

《清宫图典》的文物资源，除纪实性绘画和老照片之外，遗址和遗物亦成为图录的另一重要资源。《清宫图典》中大多数图像是借助今日的先进照相术，将遗址和遗物摄录成像，编纂其中。其中宫殿亭台楼阁和园林景观皆为遗址。车马轿舆、顶戴服饰、瓷器玉器、文房用品、文书档案、古籍善本、碑帖拓片等器物皆为遗物。遗址和遗物图像是第一手历史资料，也是编纂《清宫图典》的主体部分。为了准确反映当时的历史风貌，对没有老照片的遗址我们进行了重新拍摄。至于遗物即清代宫廷留存下来的文物，我们也进行了大量的补拍，许多从未拍摄过照片的文物的图片这次被编入图典，也是《清宫图典》的一大亮点。

参与编纂《清宫图典》的诸位同仁均为学术有成、对清宫廷历史各领域素有研究的专家。古稀之年有幸与各位合作，甚为欣慰！我和任万平副院长诚挚感谢诸位的无私奉献！《清宫图典》项目在时间紧、任务重的情况下得以推进，全靠各位精诚合作，完成编纂工作。

我还要感谢任万平副院长，从编纂《清史图典》到《清代文化》图录，再到《清宫图典》，一路走来，万平同志功不可没。她熟悉故宫文物典籍、图画照片，能编纂这几大部数十卷册的图录，一等功非她莫属！

其次要感谢故宫博物院资料信息部及一些相关单位与个人，《清宫图典》中的数千张图片都由他们提供，都凝结着他们的辛劳和汗水；感谢故宫出版社宫廷历史编辑室、文化旅游编辑室团队，他们兢兢业业、一丝不苟的精细操作，保证了本书的质量。

十分荣幸本丛书纳入国家出版基金资助项目，给予资金支持，这是文化事业得到重视的标志！也是国家繁荣昌盛的标志！

图录历史开启一代风气之先，故宫内外学界同仁将为此而鼓与呼！

朱诚如

2015 年 8 月 24 日初稿

2017 年 4 月 22 日定稿

于紫禁城城隍庙

目 录

前　言

　　内务府是清代服务于皇室的机构。它"奉天子之家事"，管理宫禁事务，在维护清朝统治和专制皇权方面起到了十分重要的作用。

　　清代内务府是在满族统治者兴起的过程中逐步建立起来的。关于清初内务府的设立时间，学界分歧主要是内务府建立于清入关之前，还是建立于入关之后。其实，自1583年努尔哈齐起兵，至1616年建立以八旗制为国体的后金政权，满族的经济体制与政治制度发生了极大的变化。皇太极继承汗位后，积极调整上层建筑，以适应统治的需要。也正是在这一过程中，使得皇室事务，更确切地说，应是宫中事务与国家政务日益区别开来，建立一个专门服务于宫廷的机构成为必然。崇德二年（1637），皇太极建立内务府。这是入关后内务府的雏形。

　　毫无疑问，此时的内务府建置与职能还较为简单。可以明确的是，当时的宫中已经使用宫女、太监，且为数甚多，那么成立专门的管理机构是非常可能的。由于此时的满族社会尚处于转型时期，其内府机构带有较为明显的满族社会机构的痕迹，其本土特色及文化氛围较为浓厚，其服务人员以皇帝所属的包衣为主。皇太极时期，满族统治者偏居一隅，且致力于开疆拓土的战争，这一机构尚能适应其需要。

　　随着清军入关，清王朝逐步确立了在全国的统治。在此形势之下，既有的内府机构的建置简单，服务范围狭窄，不能完成皇帝——由八旗之主上升为全国之主的庞大宫廷的需要。这急需拓展其机构及职能。经过顺治朝的十三衙门，康熙、雍正二朝的不断损益，至乾隆时期方最终确立。由此，清代内务府成为一个拥有众多衙署、属员的庞大机构，其事务之繁杂、管理之严密达至顶峰。纵观内务府管理制度形成，主要由以下几种形式。

　　首先，延用满族的旧有习惯和传统。清代皇帝及皇室人员的满族身份，使得宫中保留有大量的满族习俗，其诸多事务的管理主要依赖于民族传统与习惯，这一点即使入关之后，在相当长的一段时期内传统的因素依然存在。清代内务府人员主要由包衣组成，他们或外放为官，或宫中任职，但无论官位高低，对于皇帝而言都是奴才。一旦获罪，其处分十分严厉，而抄家是主要处罚手段之一。这与入关前并无太大区别。此外，皇帝大婚亦遵循满族旧俗，满族妇女在其中充任重要角色。

　　其次，继承明王朝宫廷制度的遗产。清代皇帝入主北京之初，其统治者致力于军事统一战争，无暇改造故明的宫廷机构，而其原设服务于皇权的机构并不能迅速承担起服务于新皇权的重任，这令其不得不保留了部分内廷服役人员，部分旧明宫廷机构亦得以保留。但随着局势的稳定，内廷机构的整改不可避免。顺治亲政后不久，设立了十三衙门，这是由明朝内监机构演变而成，但同时原有的皇属包衣组织继续存在。这两种服务机构的并存局面反映了清代统治者对入关初宫廷机构建设的不成熟。至康熙时期，他们取缔了十三衙门，但这种取缔并非完全地抛弃明代宫廷制度，而是革除原有体制的弊病，极大地尊重满族社会的传统及皇太极时期内务府的特点，充分借鉴、吸收十三衙门中的优质元素而确立了影响深远的内务府制度。

再次，清代内务府的诸多管理制度借鉴了国家制度。内务府的管理人员主要是皇帝统领的上三旗包衣人员，这些人员整体素质不高，他们没有管理如此庞大的机构的经验，但其中的高层人员则是由皇帝指派的王公大臣充任，他们对国家的各项制度较为熟悉。所以，在遇到问题之时，他们解决问题的方法即直接取资于国家制度。内务府对清宫逃亡太监的处罚即是明证。自康熙以来，清宫开始有大量太监逃亡，至乾隆时期其数量不断增长。面对这一局面，内务府制定惩罚措施时即援引清初处理逃人条例，并对其略加变通以为应用，这一点得到了乾隆皇帝的支持。不仅如此，内务府在处罚偷窃宫中财物人员时，其量刑的标准亦援引刑部条例，根据其所窃钱财额数确立惩罚的力度。

最后，结合宫中需要，内务府还不断创建新的管理制度。自康熙重设内务府后，其所辖机构不断增多，许多事务从未经历。其中，江南织造的管理、御窑厂及内务府人员参与税关与盐政等的管理是极大挑战。经过不断的探索，清内务府形成了完善的管理制度。这些制度为宫中提供了较为充足的缎匹及瓷器保障。而为了保障宫中财物安全，内务府不仅制定了各项查库制度，还严格控制宫中物品的出入：要求遇有物品出入，需要在景运门档房备案，得到主管衙门允许后，方得以放行。与此相适应的是，内务府档案制度管理日臻完善。不仅各衙门、各库房相继建立档册，其各宫殿及与皇帝有关的一些事宜都建有档案，且事无巨细，皆有记载。这些档案多有正本、副本，以供备查。

也正是以此为基础，清宫编订的制度汇编频繁出现，如《钦定宫中现行则例》、《国朝宫史》、《钦定内务府则例》等。这些制度为清宫沿用不辍。至光绪末年，由于清王朝内忧外患，其统治遭遇严重的危机，变革自强成为时代的主流，内务府亦被卷入其中，并在一些机构及管理方面做出了改变。

总之，清代内务府的管理是复杂多变的，且在诸多方面成绩显著。其职权仅限于"奉天子之家事"，而不参与朝政，这使得宫内执事人等远离了参与朝政的机会，尤其是宦官被束缚在了洒扫的职责之内。此外，内务府建立了独立的府库，从皇庄、盐业、税关、织造等处获得了大量收益，满足了宫中需要。这为皇帝及皇室的生活提供了物质保障，为皇帝处理国家政务提供了便利，在清代历史中占据重要地位。

滕德永

2018 年 5 月 7 日

图版目录

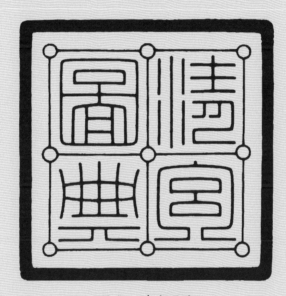

释文：清宫图典

内务机构篇

　　清代宫中机构的设置始于皇太极时期。崇德年间，皇太极在整顿八旗时，大量引入明朝的文官制度，并逐步建立了宫中制度，由此初建内务府。至顺治迁都北京后，其宫中仍然延续旧制，继续设立内务府，以管理皇室事务。

　　此时内务府的机构与职能都较为简省，具体如何尚不十分清晰，但有一点可以确认，宫中事务已有具体分工。据档案记载，皇太极时期清宫中设有尚方司，负责宫中具体的某项事务。

　　顺治亲政之后，设立十三衙门。其机构名称繁多，有的沿袭明代，有的因事而设。不仅如此，其衙门品级不确定，前后变化也很大。康熙恢复内务府后，不仅吸收了十三衙门分司理事的办法，而且继续使用内监，并成立了敬事房，以为统领。至康熙十七年（1678），玄烨又对内务府进行了大规模改组，基本上确立了内务府七司三院的格局。此后，内务府又不断增设机构。康熙十九年（1680）设立武英殿造办处，二十四年（1685）设立景山官学，二十九年（1690）设立御书处，六十年（1721）设立官房租库等。雍正、乾隆时期仍有增设，雍正元年（1723）设立庆丰司，二年（1724）设立圆明园三旗官兵，四年（1726）设立管辖番役处，六年（1728）设立咸安宫官学、三旗庄头处等，乾隆九年（1744）设立雍和宫，十二年（1747）设立静宜园、蒙古官学等。嘉庆以后增设渐少。

　　此外，内务府还有一些非常设的临时性机构。主要有办理捐输助赈事宜处、查核处、则例馆、会典馆、图志馆、内务府宪政筹备处等。

皇帝对宫廷事务有最终的决定权，具体事务则由总管内务府大臣负责。在这一过程中，总管内务府大臣充当了国家事务中内阁的角色，他们负责日常的管理，并对一些具体事务拟定方案，以供皇帝参考。总管内务府大臣地位重要，清代帝王主要从皇亲国戚、宠信的满族大臣中选取。

在紫禁城的内务府之外，还有盛京内务府。此机构设立的时间较早，但在相当长的一段时期内，其机构并无大的变化。直至乾隆年间，才仿照京中总管内务府进行改组，以满足皇帝东巡的需要。为此，乾隆皇帝还多次筹拨银两，以为盛京内务府经费。

除内务府外，还有一些国家机构亦参与管理宫中事务。这是因为在封建时期，虽然家事与国事各自独立，不相统属，但一些国家事务与皇室事务联系紧密，很难简单地把二者区分开来。尤其是涉及礼仪、工程经费、缉捕内府人犯等问题，更需要礼部、户部、工部、兵部等机构的支持。此时，政府工作人员要积极参与其中，出谋划策，协助内务府处理好这些事务。

内务府众多机构的设置是皇室事务扩张的结果，更是皇权至上的产物。清代皇帝的满族身份与满族传统进一步增加了衙门数量，使得内务府事务更加纷杂。

一

宫中管理机构

（一）十三衙门

001

皇太极半身便服像

年代　清

作者　佚名

收藏单位　故宫博物院

　　清太宗皇太极继位后，积极吸纳汉民族的文化制度，仿照明朝形式，于天聪五年（1631）创建六部，崇德元年（1636）改文馆为内国史、内秘书、内弘文三院，又设都察院。崇德三年（1638），改蒙古衙门为理藩院等。与此同时，皇太极还加强了宫中制度的建设，创设内务府，"以往昔旧仆专司其事"。

002

永福宫内景

　　崇德元年（1636），皇太极册立中宫嫡福晋博尔济吉特氏为皇后，住清宁宫。这是清代历史上正式大礼册立的第一位皇后。同时册封的还有关雎宫宸妃、麟趾宫贵妃、衍庆宫淑妃、永福宫庄妃，史称"五宫并建，位号即明，等威渐辨"，这标志着清代后妃制度的初步建立。永福宫庄妃为顺治帝生母，后人称之为孝庄文皇后。

003

福临半身便服像

年代　清

作者　佚名

收藏单位　故宫博物院

　　入关之初，清宫沿用了入关前的内府机构，并对明代遗留的宦官衙门进行了裁撤，但其原设内府和包衣牛录初入北京，并不能马上取代故明的内监衙门，宫中仍留存有大量明宫太监。顺治十年（1653），清宫设立十三衙门。下设乾清门执事官、司礼监、御用监、内官监等，其机构名称前后有所变化。

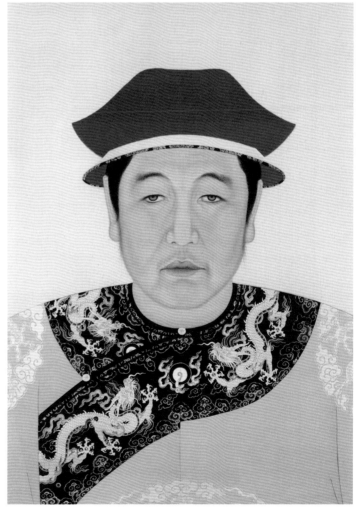

004

严禁太监干政铁牌

年代　清顺治
收藏单位　故宫博物院

　　顺治皇帝设立十三衙门之初，为了防止宦官的危害和消除其弊端，采取了诸多措施予以限制。即使如此，顺治皇帝的这一决定仍遭到王公大臣的抵制。为此，他又效法明太祖立铁牌，严禁太监干政，并于顺治十二年（1655）敕谕："中官之设，自古不废。任使失宜，即贻祸乱。如明之王振、汪直、曹吉祥、刘瑾、魏忠贤辈，专权擅政，陷害忠良，出镇典官，流毒边境，煽党颂功，谋为不轨，覆败相寻，深可鉴戒。朕裁定内官职掌，法制甚明。如有窃权纳贿，交结官员，越分奏事者，凌迟处死。特立铁牌，世世遵守。"顺治帝下令工部将此上谕铸刻铁牌三块，分别立于交泰殿前、内务府堂及慎刑司三处。

005

玄烨常服像

年代　清康熙
作者　佚名
收藏单位　故宫博物院

　　十三衙门设立之后，虽有顺治禁止干政谕旨，但太监的权力及地位并未得到有效限制，且有所增大，一些太监变得胆大妄为。顺治十五年（1658），内监吴良辅交结外官、纳贿作弊。但在处分之时，顺治皇帝又对吴良辅多方庇护。康熙帝继位后，决定裁撤十三衙门。由此，存在了八年之久的十三衙门退出历史舞台。

（二）内务府

内务府外景

    康熙时期，清宫重设内务府。它兼容了清初内务府和十三衙门两种机构的职权和特点。其后，内府机构不断增设，最终形成了以七司三院为主的格局。内务府衙署位于紫禁城西华门内右翼门之西，在维护清朝统治和皇权方面，尤其是皇家内务方面发挥了重要作用。

007

内务府大堂匾

    内务府堂是总管大臣的办公场所，堂上设有堂郎中1人，负责内务府所属文官的铨选和督催事宜，查照一应事件及查核七司等处题本、堂稿和黄册、蓝册。堂主事2人，委署主事2人，负责承接交发一应题奏文移案件，以及协助堂郎中办理督催等事宜。下设月官处、督催所、销算房、翻译房、档案房等办事机构。

008

银 "总管内务府印"

年代　乾隆十四年（1749）
收藏单位　故宫博物院

    总管内务府，简称内务府，是清代掌管宫禁事务的机构。其成员由镶黄旗、正黄旗、正白旗的15个包衣佐领、18个旗鼓佐领、2个朝鲜佐领、1个回子佐领和30个内管领的包衣人及太监组成。内务府所辖机构众多，事务繁杂，其诸多事宜需要户部、礼部、工部等国家机构协助完成，往来公文甚多。总管内务府印则是内务府公务文书的重要凭证。

009

铜 "营造司印"

年代　光绪二十八年（1902）
收藏单位　故宫博物院

    内务府设七司三院，即广储司、都虞司、掌仪司、会计司、营造司、庆丰司、慎刑司及上驷院、武备院、奉宸院。其中营造司是掌管宫廷修缮和供应柴炭的机构，衙署位于西华门外北长街。其前身为惜薪司。每年由总管大臣内钦派值年大臣1人管理，设郎中2人，员外郎8人，主事1人，委署主事1人，笔帖式25人。主要负责紫禁城内的岁修，以及制造、存储、发放各种修缮材料、器物及薪炭等，管理司属七库三作，负责帝后、皇子出入皇宫时的清道、布障等事。

010

营造司钱粮处地盘图

年代 清

收藏单位 故宫博物院

营造司承应诸事，需银甚巨，但其本处并无固定收益，其一应开支或取自工部，或来自内务府官房租库，或支用于广储司。故此钱粮处所应为临时存放之地。

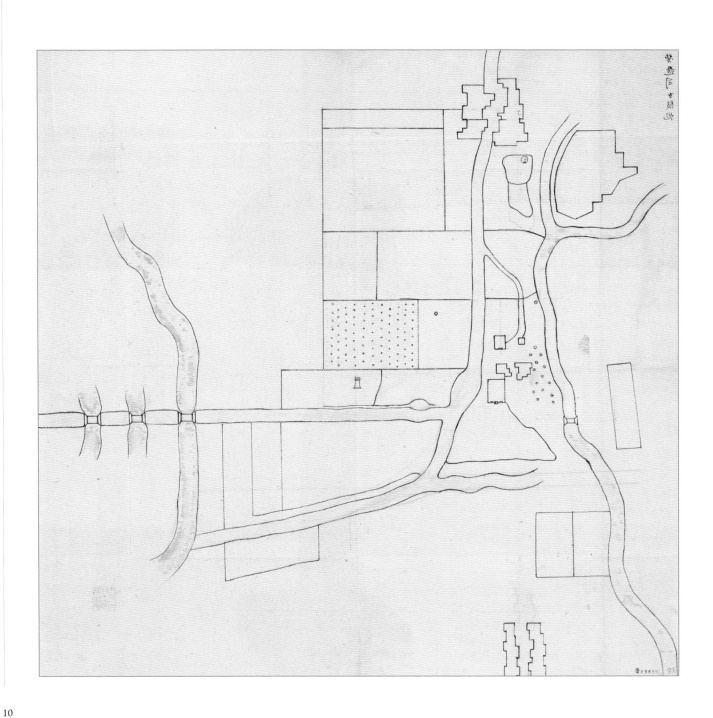

011

铜 "庆丰司印"

年代　乾隆十四年（1749）
收藏单位　故宫博物院

庆丰司为内务府所辖机构之一，主要负责牛羊畜牧事务的管理，其衙署位于西华门外北长街，原为顺治时期设立的三旗牛羊群牧处。每年由内务府总管大臣内选派1人管理，设郎中2人，员外郎6人，主事1人，委署主事1人，笔帖式14人。主要负责京城内、外牛羊圈和各地牧厂的管理、宫内祭祀、礼仪及食用肉、乳制品的供应等事宜。

012

武备院马鞍

年代　清
收藏单位　故宫博物院

武备院为内务府中负责制造、收贮军械、装备及宫中陈设器物的机构，衙署位于东华门外北池子路西。前身为顺治时期设立的鞍楼。武备院设兼管大臣，由皇帝特简，无定员，卿2人，下设武备院堂，设有堂郎中1人，主事2人，委署主事1人，笔帖式24人。武备院职掌为管理四库、收发、修造各种器物，随侍皇帝出入，预备伞盖、兵仗等物，以及供应阅兵盔甲、进呈皇帝弓箭等事宜。

上驷院门外的石桥栏杆

上驷院为内务府中负责管理内用马匹及放牧皇马的机构。前身为顺治年间设立的御马监。衙署初在东华门内三座门之西，后改建于左翼门外。上驷院设兼管大臣，由皇帝特简、无定员、卿2人，下设上驷院堂、左司、右司。上驷院的主要职掌为管理、供应皇帝及宫内所用各种马匹、随侍帝后、嫔妃、皇子骑试及挑选御马等事、治疗马、驼疾病、管理各处牧场放牧等。

014

铜"正白旗包衣五甲喇十式佐领图记"印

年代　乾隆十四年（1749）
收藏单位　故宫博物院

包衣是满语，一般是包衣人的简称，意为"家里的人"。正黄、镶黄、正白是上三旗，所属的内务府包衣是专门为皇室成员服务的人群。他们为皇帝出行扈从、采办物品、拱卫皇城、传递信件公文，几乎涉及皇家生活的各个方面。他们虽是皇室仆人，但有些亦身膺重任，担任政府要职，成为清代统治阶层中的重要人物。

015

永瑢像

年代　清
作者　（清）华冠
收藏单位　故宫博物院

总管内务府大臣，满语为包衣昂邦或包衣按班，是内务府衙门的最高长官，简称为内务府大臣或总管大臣。初为三品，雍正时升为正二品，由皇帝从满洲王公、内大臣、尚书、侍郎中特简，或从满洲侍卫、本府郎中、三院卿中升补。

永瑢（1743—1790），乾隆皇帝第六子，号九思主人。乾隆三十七年（1772）晋为质郡王，工诗画，有诸多作品流传于世。曾任《四库全书》正总裁，并长期担任内务府大臣。工诗画，有诸多作品流传于世。

016

德保像

年代　清

作者　佚名

收藏单位　故宫博物院

　　德保（1719—1789），字仲容，一字润亭，号
定圃，满洲正白旗人。乾隆二年（1737）进士，
先后出任山东学政、工部侍郎、两广总督、漕运
总督、礼部尚书等职，卒谥"文庄"。与其子英和
皆曾长期出任内务府大臣。

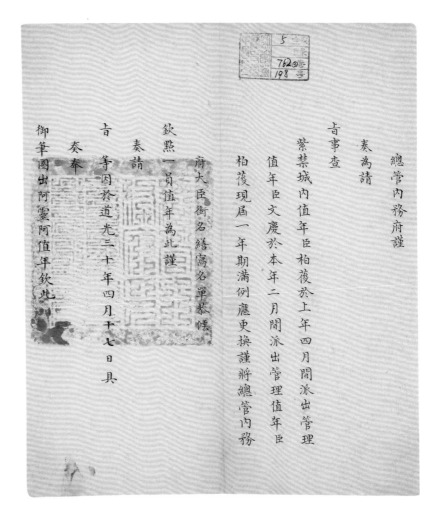

017

值年大臣档案

年代　清
收藏单位　中国第一历史档案馆

　　值年大臣是内务府专职负责管理宫中某一事务的官员，设置的具体年限不详，且各衙门设置的时间也不相同。值年大臣人选由皇帝指派，任期一年，期满由该衙门奏请重新指派，有时亦可连任。

御筆圈出阿靈阿值年欽此

奏奉

旨等因於道光三十年四月十七日具

奏請

欽點一員值年為此謹

府大臣銜名繕寫名單恭候

柏葰現屆一年期滿例應更換謹將總管內務

值年臣文慶於本年二月間派出管理值年臣

紫禁城內值年臣柏葰於上年四月間派出管理

旨事查

奏為請

總管內務府謹

公餘敦好圖

（三）盛京内务府

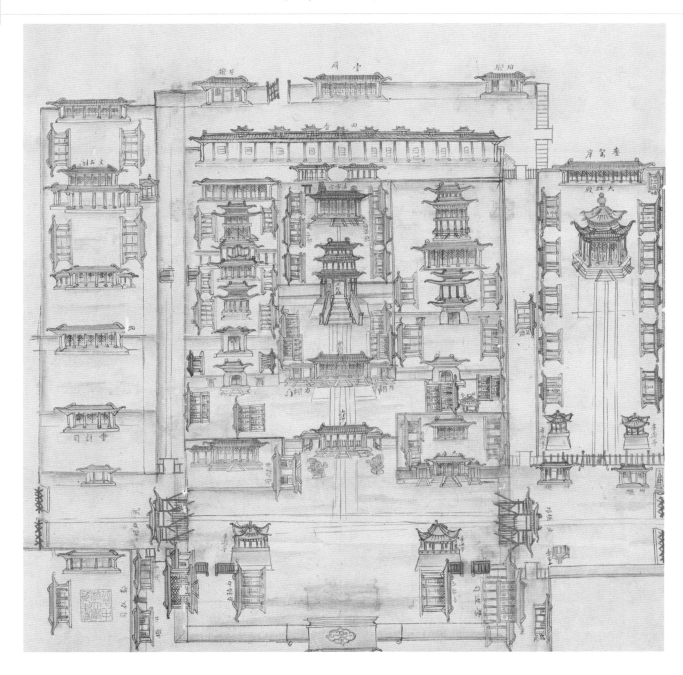

018

盛京皇宫图

年代　清

收藏单位　故宫博物院

　　盛京内务府，又称盛京总管内务府，是清代在盛京设立的皇家服务机构，隶属北京总管内务府。盛京内务府设总管大臣 1 人，佐领 3 人，司库 2 人，笔帖式 15 人，领催 18 人，催长 10 人，库使 16 人，内管领 1 人，骁骑校 3 人，堂主事 1 人，委署主事 1 人，主要掌管清代盛京三旗包衣与宫禁诸事。其所掌管盛京陵园及祭祀、皇庄诸事要向皇帝奏报，其职官升转则要咨报北京总管内务府。

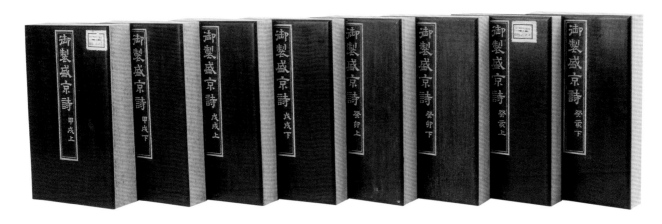

019

《御制盛京诗》册

年代　清乾隆
作者　（清）弘历著　（清）董诰书
收藏单位　故宫博物院

盛京是清朝的开国都城，是其龙兴之地，又是其祖宗陵寝"盛京三陵"的所在地。入关之后，康熙、乾隆、嘉庆、道光四帝共十次东巡盛京，拜谒祖陵。

020

铜"盛京僧录司印"

年代　乾隆十四年（1749）
收藏单位　故宫博物院

僧录司是负责管理佛教事务的机构。入关之前，盛京即设有僧录司，入关之后，僧录司作为盛京礼部的机构之一亦予以重置。其维持机构正常运作所需的物件均向盛京户部支取，驻寺初为崇寿寺，后改白衣庵。

021

绍英旧照

年代　清
收藏单位　故宫博物院

盛京内务府治事之所位于大清门东南，在盛京将军的直接兼管下，对盛京宫殿进行管理。乾隆十七年（1752）正月，设盛京总管内务府大臣，二月，铸盛京内务府大臣印信。迄光绪末年，盛京总管内务府大臣均由盛京将军兼任，进一步加强了对盛京宫殿的管理。绍英即曾出任盛京将军。

绍英（1861—1925），字越千，马佳氏，满洲镶黄旗人，祖父升寅、父亲宝珣。宣统时曾任度支部侍郎。辛亥革命后，长期担任逊清皇室内务府大臣。绍英生父宝琳，后过继宝珣。

二

关联机构

（一）宗人府

022

奕劻旧照

年代　清

收藏单位　故宫博物院

　　清代宗人府沿袭明制，设立于顺治九年（1652），是掌管皇族事务的机构。宗人府设有宗令1人，由亲王、郡王内选任，左、右宗正各1人，左、右宗人各1人，负责皇族之政令；府丞1人，主管汉文册籍诸事；堂主事宗室2人，汉族2人，负责保管满汉文奏疏文稿等档案。宗人府主要承担纂修玉牒，为皇族发放养赡和恩赏银两，办理袭封爵位，教育王公子弟，处分获罪宗室、觉罗等事宜。奕劻（1838—1917），晚清重臣，宗室。光绪十五年（1889），出任宗人府右宗正。

檀香木满文"宗人府黄档房印"

年代 清
收藏单位 故宫博物院

　　黄档房为清代宗人府内主管书写黄册、红册的机构，设有司官、笔帖式各若干，皆由本府堂官委派，主要负责宗室、觉罗的子女、继承、婚丧及爵秩变更的记录。其中，宗室记录于黄册，觉罗记录于红册。生者用朱笔书写，逝者用墨笔记录。该印印文为满文。

024

铜"宗人府左司印"

年代 乾隆十四年（1749）
收藏单位 故宫博物院

　　左司是清代宗人府机构之一，负责左翼宗室、觉罗事务，下设理事官、副理事官、委署主事各2人，皆由宗室充任。另设笔帖式、效力笔帖式各24人，负责翻译工作。左司主要承担左翼宗室觉罗的爵位承袭及其文武官员的秩俸等差、升迁降革、养赡、恩赏，还有涉及户口、田地、刑名的案件，遇事须具稿呈堂定议。

铜"宗人府经历司之印"

年代 乾隆四十六年（1781）
收藏单位 故宫博物院

　　经历司为清代宗人府机构之一，下设经历2人，由宗室充任，供事2人。经历司主要掌管收发来往文件。起初，经历司印由左司理事官兼，后专设理事官掌印。

铜 "宗人府右司印"

年代　乾隆十四年（1749）
收藏单位　故宫博物院

　　右司掌管右翼宗室、觉罗事务，亦是清代宗人府机构之一，其官员设置与功能皆与左司同。

027

铜 "宗人府恩赏宗室
银库之关防" 印

年代　清
收藏单位　故宫博物院

　　清代皇室对宗室待遇优厚。康熙时期，清帝谕令给无官职俸禄宗室发放养赡钱粮，其数额几经变动，后确定为每人月银3两，岁米22.5石。父故子幼及残疾者亦可享有一定的待遇。至乾隆时期，清帝又扩大了其恩赏范围，孤寡之人亦可得到一定的钱粮。不仅如此，在宗室遇有红白之事时，相关人员还可得到一定的恩赏银两，以为资助。

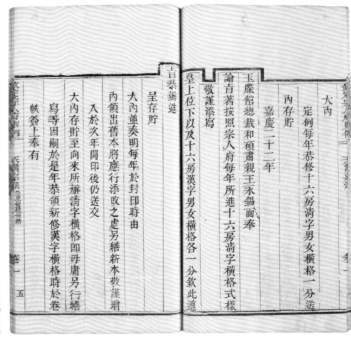

028

《钦定宗人府则例》

封面及内页

年代　清

收藏单位　故宫博物院

　　宗人府则例馆是清代宗人府内负责修订则例的机构，这是一个非常设机构。嘉庆十六年（1811）经宗人府奏准，每10年修一次则例。开馆修例时，由宗人府宗令、左右宗正、左右宗人等亲王、郡王5人负责，设提调、纂修官5人，由理事官充任；设掌官、校对官9人，由笔帖式充任；此外还设供事若干。

029

《玉牒》

年代　清

收藏单位　中国第一历史档案馆

　　《玉牒》是记录爱新觉罗皇族的家谱，由宗人府下非常设性机构玉牒馆负责纂修，分满、汉本。《玉牒》所记分三系：第一是帝系，第二是宗室，第三是觉罗。其所记内容涉及封爵、授职、生卒及生母、婚嫁等内容。

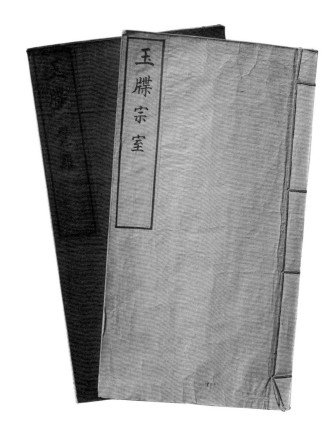

030

檀香木"玉牒馆记"

年代 清

收藏单位 故宫博物院

在修玉牒之时，需要备办纸张、笔墨等物品。为了加强管理，玉牒馆会对其中的一些物品加盖印记。

031

《星源集庆》书影

年代 清

收藏单位 中国第一历史档案馆

《星源集庆》是清中期以后记录皇帝本支世系的一种谱牒，主要涉及当朝皇帝的子女及亲王子女的序次、封号、宗支、生卒年月、生母某人及婚姻情况等内容。其体例如《玉牒》，生者用朱笔，殁者用墨笔。该谱牒按年进呈，送宫中收存，并将上年呈进的旧本撤下，存入宗人府。

032

《钦定宗人府则例》中修《玉牒》的规定

年代 清
收藏单位 故宫博物院

顺治十三年（1656）奏准，第一次开馆修《玉牒》，此后每10年编修一次。至1921年最后一次编修为止，清代共修《玉牒》28次。

033

皇史宬旧照

年代 清
收藏单位 故宫博物院

皇史宬又称表章库，是我国现存最早的皇家档案库，建于明代嘉靖年间，位于北京天安门东侧南池子大街南口处。皇史宬的建造充分考虑了防火与防潮，以便于档案的存放。其殿内排列有150余个外包铜皮雕龙的樟木柜，存放着皇家的《圣训》、《实录》与《玉牒》。

（二）其他相关机构

034

内阁大堂

　　每遇恭进实录、圣训，由内阁奏请行内务府，知会宫殿监。在进献当天，宫殿监传派举案首领太监等身穿蟒袍补褂，齐集乾清门，俟侍卫等恭举实录、圣训黄案至，宫殿监率首领太监等接举。宫殿监领侍卫二人前引，由丹陛进乾清宫东暖阁，交本房官员敬谨安奉后，宫殿监设香案，以备皇帝行礼。

035

《大清穆宗毅皇帝圣训》

年代　清
收藏单位　故宫博物院

　　圣训是清代官修的皇帝谕旨集成的典籍，分门别类编辑成书，目的是便于考查前朝皇帝施政驭民的谕令，令后代恪守祖训。清代圣训的编修始于顺治朝，至光绪朝编订《清穆宗皇帝圣训》，共有10部。

036

《大清光绪三十二年七政经纬躔度时宪书》

年代　光绪三十二年（1906）
收藏单位　故宫博物院

　　时宪书即历书。由于我国自古以农立国、历法的准确与否直接关系国计民生，所以历代皇帝都非常重视修订历法，而进时宪书之礼仪亦较隆重。进时宪书前，掌仪司知会宫殿监。当日，礼部钦天监官员恭呈时宪书，经皇帝御览，交懋勤殿收储，并于是日向皇太后、皇后、皇贵妃等宫进献时宪书。

铁保像

年代　清
作者　（清）缪炳泰
收藏单位　故宫博物院

铁保（1752—1824），字治亭，号梅庵，满洲正黄旗人。乾隆三十七年（1772）进士，曾出任镶黄旗蒙古副都统、吏部尚书、山东巡抚、两江总督等职。乾隆五十五年（1790）任礼部满侍郎，协办乾隆八旬万寿盛典。铁保是清代著名的书法家，与成亲王永瑆、刘墉、翁方纲并列。

黄钺像

年代　清
作者　佚名
收藏单位　故宫博物院

黄钺（1750—1841），字左田，号壹斋、左庶子。乾隆五十五年（1790）进士。嘉庆时得仁宗赏识，入值南书房，后出任湖北、山东、顺天等乡试主考官，后兼山西、山东学政。嘉庆二十四年（1819），任礼部尚书，襄助办理嘉庆皇帝六旬万寿事宜。道光时，调任户部尚书。卒谥"勤敏"。黄钺一生著述颇丰，有《壹斋集》等传世。

主人愛此偶棲遲讀書偏
研照實明月攤頁寫松蘭窗
圖光聚人想像義皇前
胸襟灑落氣宇和平
煙雲名蹟知澄懷塵
器經庵是性墨還逛非靜
好偏寫素顏神心布置
彬周金編墨貴天趣心神
諧靜像 丙戌九日十四日題為
敬圖傅神雅逸

汤金钊像

年代　清
作者　（清）姚元之
收藏单位　故宫博物院

　　汤金钊（1772—1856），字敦甫，一字勋兹，浙江萧山人。嘉庆四年（1799）进士。嘉庆十三年（1808），入值南书房，不久升礼部侍郎，参与襄办嘉庆二十四年（1819）仁宗六旬万寿盛典，后转吏部左侍郎。道光时，先后任吏部尚书、工部尚书、户部尚书。卒谥"文端"。汤金钊工诗文书法，有《存心知室存稿》等传世。

銮仪卫大库

　　銮仪卫是清代掌管帝后车驾仪仗的机构，其衙署位于紫禁城东南角楼处。顺治元年（1644）沿明旧制设锦衣卫，顺治二年（1645）更名銮仪卫。銮仪卫主要负责舆卫政令，凡遇皇帝祭祀、朝会、出巡等则供奉车轿，陈设卤簿，充任侍卫等，此外还负责后妃用的仪驾、仪仗、彩仗，以及保管车轿、乐器及卤簿仪仗等。

041

皇帝卤簿中的各种幡、麾、旌

年代　清
收藏单位　故宫博物院

　　卤簿，即皇帝使用的仪仗。乾隆十三年
（1748），清代卤簿制度形成定制。在皇帝大驾卤
簿中，共有各种礼仪用器多达660多件。此为皇
帝卤簿中的各种幡、麾、旌等。

皇帝卤簿中的各种扇、钺、豹尾枪

年代　清
收藏单位　故宫博物院

　　在皇帝卤簿中，其扇有红色、黄色、绿色等，
纹饰有龙、凤、寿字等，形状则有方形、圆形等。
图中最右是钺，最左是豹尾班用的豹尾枪。

人员管理篇

　　有清一代，自努尔哈齐建立后金始，至光绪为止，将近三百年，共有皇帝 11 位。据不完全统计，在此期间后宫中获得主位称号的女性，共有 180 余人。清宫后妃位有等差，以为管理，但直至康熙时期，清宫后妃等级制度方最终确立。

　　清宫中，除固定数目的妃嫔外，还有数额并不固定的贵人、常在、答应。她们虽无位号，但若蒙恩宠，育有皇子或公主，即有机会晋升主位。但若忤犯上意，不管主位还是宫女都会遭受处分。

　　经过严格的册封程序后，后妃等级位次即告确立。清宫后妃等级森严，日常生活所需皆有分例，不得违制。具体而言，其份例包括每日所用菜蔬、肉、面、茶、炭等的品类与数额。此外，后妃的服饰、车轿等亦有详细的规定。

　　清宫后妃以满、蒙二族女子为主。虽然"宫中守祖宗制，不蓄汉女"，但无论是康熙，还是乾隆等皇帝，其后妃中都有汉姓女子。此外，清代后妃还有回族女子，影响深远的当属容妃。若仅从选秀女的档案记载看，参加选秀的还有番子（西藏）秀女，惜未见确有入选之人。在清代后妃中，还有一个非常特别的现象，即有多位后妃为姑侄、姐妹，这是满族旧俗影响的结果。

　　太监是皇帝、后妃等人日常生活中最为主要的供役人员。他们主要来自直隶地方的贫困家庭，甚至有的一家三代都有人当太监。当然，也有部分清宫太监来自山东、山西等地，但数量很少。

　　清帝吸取明亡的教训，严厉管束宫中太监，动辄进行处罚。其处罚的主要手段之一是削减钱粮。清宫太监的钱粮不仅要接济家中，而且还要承担其日常饭食、衣服费用，因此削减钱粮使得一些太监经济极为困难。

相当数量的清宫太监是成年净身，他们的可塑性差，不能胜任清宫的诸多差使，只能承担最脏、最累的简单的打扫搬运等差使，以致有的太监因差使辛苦而走上逃亡之路。为了保证宫中太监的质量，清帝要求王公贝勒交进太监，而将宫中应差困难之人发交王公，以为交换。

自乾隆始，清宫即面临太监额数不足的问题，内务府却无解决良策。直至清朝灭亡，这一问题依然存在。清宫曾经下调宫中太监额数，甚至加强了清宫太监的退休限制，但收效甚微。

宫女是后宫服役的又一主体，她们来自固定的人群。在宫中服役的年限期满即可出宫，并能够得到一定的补偿。但若是因病，或者是因为蠢笨不能应差，经过验视之后而被驱赶出宫，则不能享有这一待遇。有些受宠宫女在出宫之后，甚至可以再次入宫应差。

此外，还有一些满族妇女可以在宫中承应缝补等差使，而其中的皇帝乳母则是他们之中地位较高者，不仅享有较高的待遇，还可惠及家人。

清宫之中还需要大量临时性的杂役人员，这些人员主要由在旗的闲散人员充任。清宫称其为苏拉。此类人员数量众多，不仅占用了较多的宫中钱粮，而且对宫廷的安全有潜在威胁。内务府限制控制使用的人次，而且他们必须由相关人员带领入宫。在苏拉入宫时，各门警卫人员应仔细查验，以防混入。

后妃制度

（一）皇帝选妃

延晖阁透视图

　　清代的选秀女有选妃与选宫女之分。其选妃女子主要来源于八旗满洲、蒙古、汉军官员、另户军士、闲散壮丁之女，年龄在13—16岁，每三年一次。由户部行文八旗二十四都统，直隶各省八旗驻防及外任旗员，将应阅女子年岁，由参领、佐领、骁骑校、领催、族长，逐一具结呈报都统，汇咨户部。户部奏准日期后，备选秀女按旗分进内，供帝后选看。其选看的地点，各朝不尽相同，有御花园、静宜轩、体元殿等。紫禁城御花园内的延晖阁曾是清末选秀女的地点之一。

044

《点石斋画报》中的选秀女图

　　挑选之前一日，各旗参领、领催等先排车。如挑正黄、镶黄旗两旗，则正黄之满、蒙、汉分三处，每一处按年岁册先后排定。镶黄之满、蒙、汉亦分三处，每一处按年岁册先后排定，然后车始行。首正黄之满洲，而蒙古，而汉军。继之以镶黄之满、蒙、汉鱼贯衔尾而进。车竖双灯，各有标识。日夕发轫，夜分入后门，至神武门外，候门启，依次下车而入。当时选秀女之骡车，皆由内务府给银1两。

045

绿头签

年代　清
收藏单位　故宫博物院

　　选秀女时，为了选阅的方便，秀女可以立而不跪。选中的留下名牌，谓"留牌子"，定期复看，不留牌的谓"撩牌子"。牌子上写出某官某人之女、旗别及秀女年岁。名牌与引见大臣的膳牌相似，用薄木片制成，绿头白身，又名"绿头签"，选阅时绿头签置御案上，秀女胸前挂一粗木小牌，也写出姓氏，不中选者撩牌、中选者留牌。

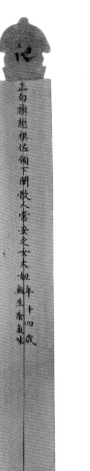
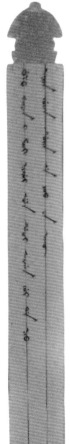

046

选秀女照片

年代　清末
收藏单位　故宫博物院

　　未得入选之女子，听本家自行聘嫁。如有事故，不及与选者，下次补行送阅。若有未经阅看之女子，或已记名女子，私相聘嫁，自都统、参领、佐领及其本人父母、族长，皆将分别受到惩处。若有残疾不堪入选之女子，应由族长、领催、骁骑校、佐领出具书面文字，呈报都统，声明缘由，提交户部奏闻皇帝。

047

选秀女排单

年代　清
收藏单位　中国第一历史档案馆

　　在选秀女过程中，清代帝王要区别血缘亲疏，令在阅看时予以声明。由此，皇亲国戚之女在选秀女时就被作为一个特殊群体对待。嘉庆时期，要求后妃及亲弟兄、亲姊妹之女，于挑选秀女时另为一班，不必拘定年岁，作为各本旗头起带领。这些女子单独缮写排单如红折。

37

各式如意

年代　清

收藏单位　故宫博物院

皇帝选秀女之时，对有意立为皇后之人则递上如意。

⓪④⑨

同治皇后朝服像

年代　清同治
作者　佚名
收藏单位　故宫博物院

　　穆宗载淳皇后（1854—1875），阿鲁特氏，蒙古正蓝旗人，户部尚书崇绮之女。同治十一年（1872）九月立为皇后，光绪元年（1875）崩逝。

⓪⑤⓪

珍妃旧照

年代　清光绪
收藏单位　故宫博物院

　　光绪皇帝珍妃（1876—1900），他他拉氏，为光绪皇帝瑾妃之妹。光绪十四年（1888）被选入宫，初封珍嫔。光绪二十年（1894），晋为珍妃。同年，又降为贵人。光绪二十一年（1895），复封为珍妃。光绪二十六年（1900），八国联军进逼北京，慈禧太后西逃之前，命将其沉于井中溺亡。

各式荷包

年代　清

收藏单位　故宫博物院

　　皇帝选秀女之时，送荷包者意为妃嫔人选。其在皇帝大婚前一日从神武门入宫。

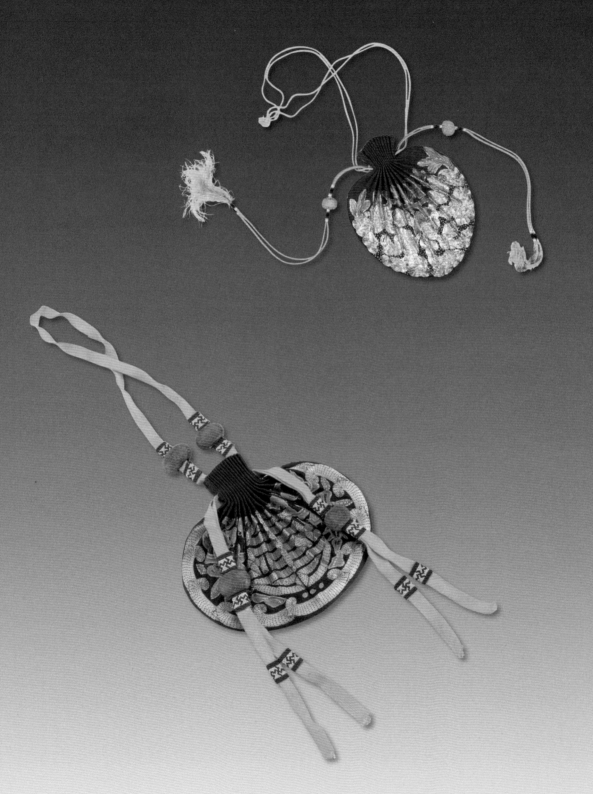

（二）后妃等级

052

玄烨像

年代　清康熙
作者　佚名
收藏单位　故宫博物院

　　康熙时期，清宫后妃名号制度逐步确定下来：尊皇帝祖母为太皇太后，母亲为皇太后，同住慈宁宫，太妃、太嫔随往；皇后居中宫，主内治；皇后以下设皇贵妃 1 人，贵妃 2 人，妃 4 人，嫔 6 人，嫔以下还有贵人、常在、答应，皆无定额，随皇后、妃嫔等分居东西六宫。

053

孝庄文皇后朝服像

年代　清康熙
作者　佚名
收藏单位　故宫博物院

　　孝庄文皇后（1613—1687），博尔济吉特氏，太宗皇太极之后。崇德三年（1638），生皇子福临。顺治元年（1644），携世祖入关，定都北京。顺治八年（1651），世祖亲政，上徽号昭圣慈寿皇太后。顺治十八年（1661），玄烨继位，尊为太皇太后。

054

《皇朝礼器图》封面及内页

年代　清

收藏单位　故宫博物院

　　《皇朝礼器图》是记载清代典章制度类器物的政书，图文并茂，分为六个部分，分别为祭器、仪器、冠服、乐器、卤簿及武备。每件器物皆列图于右，系说于左，每件器物的详细尺寸、质地、纹样与相应品级对照，条例清楚，记载详备。其中对后宫妃嫔服饰有详细描述。

055

明黄色女夹龙袍

年代　清乾隆

收藏单位　故宫博物院

　　根据清宫制度，皇太后、皇后、皇贵妃吉服皆用明黄色。其所用材质，有缎绸纱裘，随季节变化、因时制宜。

056

金黄色团龙纹暗花缎镶领袖女绵袍

年代　清

收藏单位　故宫博物院

　　贵妃、妃重大场合所穿吉服用金黄色，其所用材质亦随季节变化而有所不同。

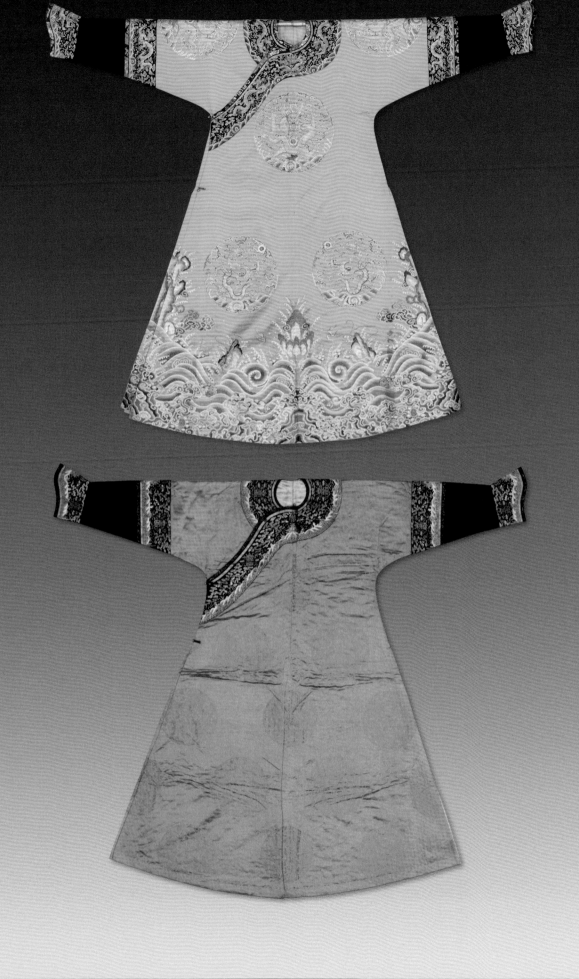

香色女夹龙袍

年代　清乾隆
收藏单位　故宫博物院

　　嫔吉服用香色，用于重大吉庆场合，其所用材质亦随季节而有所变化。

金环镶东珠耳饰

年代　清
收藏单位　故宫博物院

　　清宫规定，皇太后、皇后东珠耳饰用头等东珠，皇贵妃、贵妃用二等，妃用三等，嫔用四等。

银镶珊瑚领约

年代　清
收藏单位　故宫博物院

　　皇太后、皇后领约周围金云十一，衔二等东珠各一，间以珊瑚及三等东珠、二等珍珠各四。垂明黄绦二，中贯珊瑚、背云各一，末缀松石各二。其皇贵妃以下主位，所用领约在金云、镶嵌东珠等饰品方面皆有例减。

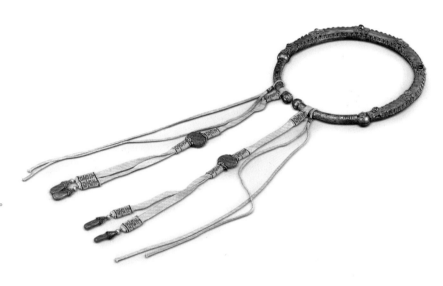

金镶青金石头箍

年代　清
收藏单位　故宫博物院

　　清宫之中，皇太后、皇后金约周围金云十三，皇贵妃、贵妃金云十二，妃十一，嫔八。皇太后至贵妃金云衔二等东珠各一，妃衔三等东珠各一，嫔衔无光东珠各一。其后系之结，皇太后与皇后皆五行三就，皇贵妃以下皆三行三就，但其所用珍珠数目不同。此外，在其他细微部分亦有差异。

061

皇后金册

年代　民国十一年（1922）

收藏单位　故宫博物院

　　皇太后金册共十页，每页高七寸一分，阔三寸二分，用三等赤金十八两。册用满汉文书写，其中满文在左，汉文在右。此为溥仪皇后婉容金册。

062

银镀金敦宜皇贵妃册

年代　光绪二年（1876）

收藏单位　故宫博物院

　　皇贵妃金册十页，基本规制同皇后金册，但所用金为八成金十五两。亦用满汉文书写。自咸丰四年（1854）以后，册封皇贵妃册改用银镀金。此金册为敦宜皇贵妃所有。敦宜皇贵妃（？—1904），同治皇帝之妃，富察氏，刑部侍郎凤秀之女。同治十一年（1872）封为慧妃。同治十三年（1874），晋皇贵妃。光绪继位，晋封为敦宜皇贵妃，光绪二十年（1894）晋封为敦宜荣庆皇贵妃。

穆宗毅皇帝皇貴妃

皇帝　謹言

維光緒二年歲次丙子十月朔戊子越二十九
日丙辰

蘭阰疑庶克佐蘋蘩之職
椒塗表範聿增綸綍之輝爰奉隆稱式彰茂典
穆宗毅皇帝皇貴妃

先朝仰
令儀之鳳著令承
安貞賦性
淑慎持躬
昭矩度於珩璜敬遵四德
煥光榮於綸綍位缺六宮昔佇

懿旨爰
降號之優加謹以
冊寶尊為
穆宗毅皇帝敦宜皇貴妃於戲形管揚芬迓繁釐於有
永琅函耀彩延景福於無疆謹言

敦宜皇貴妃冊文

063

银镀金珣贵妃册

年代　光绪二十一年（1895）
收藏单位　故宫博物院

　　贵妃金册十页、每页用七成金十五两。自咸丰四年（1854）以后，贵妃册亦改用银镀金。此金册为珣贵妃所有。珣贵妃（？—1921），同治皇帝之妃，阿鲁特氏，副都统前任大学士赛尚阿之女，同治孝哲毅皇后的姑姑。同治十一年（1872），封珣嫔。同治十三年（1874）晋升为珣妃。光绪二十年（1894），晋升为珣贵妃。

064

银镀金瑾妃册

年代　光绪二十一年（1895）
收藏单位　故宫博物院

　　妃金册十页、每页用七成金十四两八钱。乾隆时规定，后妃金册还配有金钱。自咸丰四年（1854）以后，妃册亦改用银镀金。此金册为瑾妃所有。瑾妃（1874—1924），光绪皇帝之妃、他他拉氏，光绪皇帝珍妃姐姐，侍郎长叙之女。光绪十四年（1888）封瑾嫔，光绪二十年（1894）晋封瑾妃。后降为贵人，不久复册封为瑾妃。宣统时，称为端康皇贵妃。

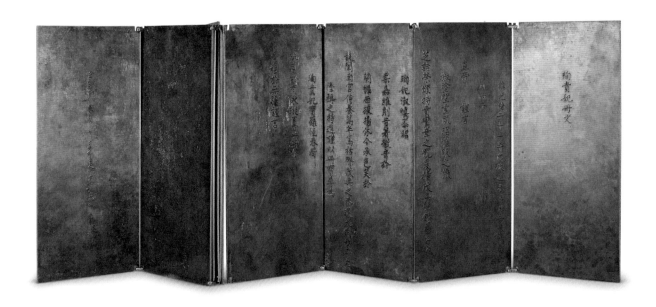

银镀金瑾嫔册

年代　光绪十五年（1889）
收藏单位　故宫博物院

　　嫔金册四页，每页用六成金十四两六钱二分。自咸丰四年（1854）以后，嫔册亦改用银镀金。此金册为瑾嫔所有。

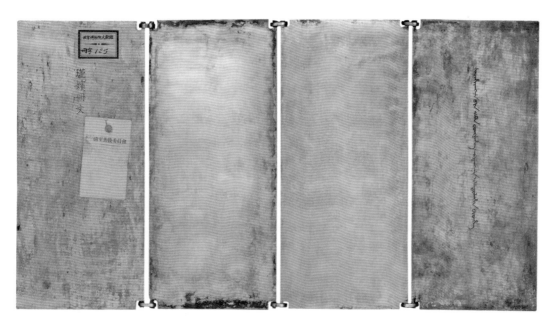

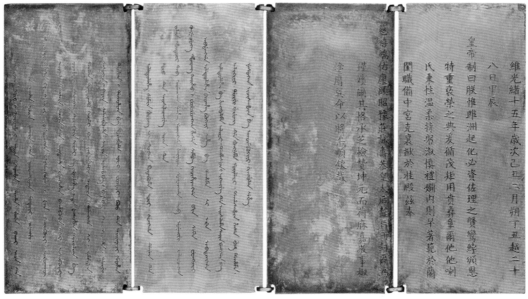

066

绢瑾妃册文

年代　光绪二十一年（1895）
收藏单位　故宫博物院

　　清代后妃的册立与册封，其金册册文由内阁（后改翰林院翰林）撰写，然后在册、宝制作完毕后，送内镌刻册文。

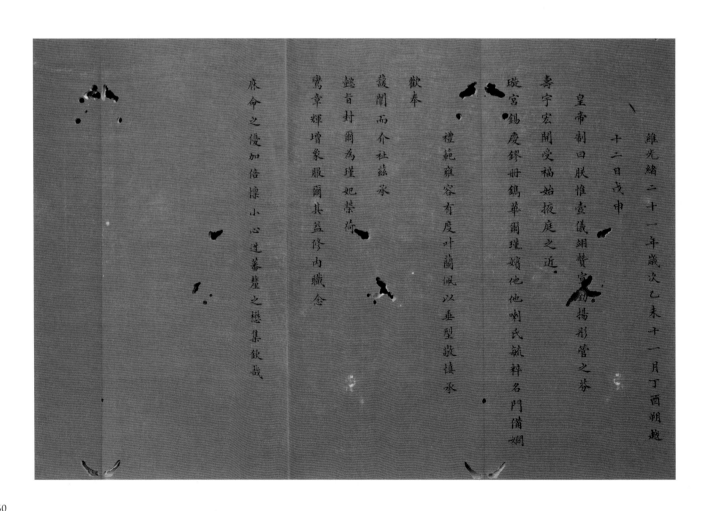

067

银镀金龙纽 "珣贵妃之宝"

年代 清
收藏单位 故宫博物院

　　据清制，贵妃金宝、蹲龙纽、平台、方四寸，厚一寸二分、玉箸文，用六成金。自咸丰四年（1854）以后，贵妃宝亦改用银镀金。

068

象牙刻汉满文皇贵妃钥匙牌

年代　清

收藏单位　故宫博物院

　　后妃册宝存放在专门制作的箱匣之中。其中册有册箱，宝有宝匣，而在册箱与宝匣之外还有专门存放宝、册的大箱各一。这些箱匣的材质、尺寸都有严格的规定，凸显着后妃的等级。册、宝箱匣配有象牙钥匙牌。

069

银镀金龙纽"丽皇贵妃之宝"

年代　清

收藏单位　故宫博物院

　　据清制，皇贵妃金宝，蹲龙纽，平台，方四寸，厚一寸二分，玉箸文，用六成金。自咸丰四年（1854）规定，皇贵妃宝改用银镀金。丽皇贵妃（？—1890），咸丰之妃，主事庆海之女。入宫之初为贵人，咸丰四年（1854）晋丽嫔。咸丰五年（1855），晋升为妃。同治继位后，尊为皇考丽皇贵妃。光绪十六年（1890）卒。

070

银镀金龟纽"珍妃之印"

年代　清

收藏单位　故宫博物院

　　妃金印龟纽，平台，方三寸六分，厚一寸，玉箸文，用五成金。自咸丰四年（1854）以后，妃金印改用银镀金。

071

金錾花执壶

年代　清

收藏单位　故宫博物院

　　清宫皇太后、皇后、妃嫔等人宫内所用不同等级的金属器皿、瓷器、漆器等物、在数量及品类方面都有严格的规定。其中金器只有皇太后和皇后方有资格使用。

金光素碗

年代　清同治
收藏单位　故宫博物院

　　在皇太后与皇后的铺宫之中，各有玉杯金台盘
1份、金执壶2把、金方1件、金盘15件、金碟
6件、金碗5件、金茶盅盖1个、嵌松石金匙1件、
金匙2件、金三镶牙箸1双、金云包角桌2张。

073

银荷花纹执壶

年代　清
收藏单位　故宫博物院

　　银器在后宫的使用较为频繁，清宫嫔以上级
别的后妃都有资格使用银器，但其数量及品类上
有较大差别。皇太后与皇后皆有15个品类，分别
各有124件与106件，皇贵妃有6个品类，共7件，
贵妃、妃、贵人皆有6个品类，均为6件。

074

银"吉祥如意"匙

年代 清

收藏单位 故宫博物院

银匙在嫔以上级别的后妃铺宫中都有，其具体数量则是皇太后 15 件、皇后 10 件、皇贵妃、贵妃、妃、嫔各 1 件。

075

银吉庆纹盘

年代 清

收藏单位 故宫博物院

银盘只有皇太后与皇后的铺宫中方有，其中皇太后宫中有 40 件，皇后宫中 30 件。

铜镂空螭纹手炉

年代　清雍正
收藏单位　故宫博物院

铜器亦是后妃铺宫中的重要组成部分，在各级主位的宫中都有此类器物。皇太后铺宫中有铜器 40 件，皇后 38 件，皇贵妃 14 件，妃 11 件，嫔 8 件，贵人 6 件，常在 4 件。

锡茶壶

年代　清
收藏单位　故宫博物院

锡器在后妃，尤其是低级妃嫔的铺宫中占有较重地位，是低级别后妃铺宫的重要金属用具。其中妃铺宫中有锡器 15 件，嫔 11 件，贵人 10 件，常在 5 件。

黄釉暗花云凤纹碗

年代　清康熙
收藏单位　故宫博物院

　　黄釉瓷器是皇太后与皇后铺宫中所用器物，且其数量较多。皇太后宫中有黄瓷盘 250 件、黄瓷碟 45 件、黄瓷碗 100 件、黄瓷盅 300 件。皇后宫中有黄瓷盘 220 件、黄瓷碟 40 件、黄瓷碗 100件、黄瓷盅 300 件。

079

黄地绿彩双龙纹碗

年代　清雍正
收藏单位　故宫博物院

　　瓷器是后妃铺宫器物中最为重要的组成部分，占据的分量最重，也是直接显示后妃等级的器物。皇太后与皇后铺宫中有瓷器1000余件、皇贵妃有140余件、贵妃有120件、妃有83件、嫔有57件、贵人有52件、常在38件。在清宫后妃的铺宫中，黄地绿龙瓷器是为贵妃级别的后妃所用。

080

蓝地黄彩云龙纹碗

年代　清同治
收藏单位　故宫博物院

　　在清宫后妃的铺宫中，蓝地黄龙瓷器是嫔一级后妃所用器物。

081

绿地紫彩云龙纹碗

年代　清康熙
收藏单位　故宫博物院

　　在清宫后妃的铺宫中，绿地紫龙瓷器是贵人所用的物品。

（三）后妃管理

082

体顺堂内景

体顺堂即养心殿后寝宫东耳房，明代已建，称隆禧馆。清雍正后稍有修葺，一直未名。咸丰时始名曰绥履殿，后曾改曰同和殿。光绪初年改曰体顺堂，堂前挂钤有"慈禧皇太后御笔之宝"的体顺堂匾。体顺堂为皇后所居，同治初年，两宫太后垂帘听政时，慈安皇太后曾在此居住。

083

燕禧堂内隔扇

燕禧堂即养心殿后寝宫西耳房，为贵妃等人居住。同治年间两宫皇太后垂帘听政时，慈禧皇太后曾在此处居住，以便随时登临前堂，处理政务。

084

《御制行状》与《御制哀册》

年代　清顺治
作者　（清）福临
收藏单位　故宫博物院

顺治十七年（1660）八月十九日，董鄂妃病逝。顺治皇帝悲痛至极，破例追封董鄂妃为皇后，并亲撰行状及哀册，以记述董鄂妃生平之事，表达自己的哀痛和追思之情。

皇太后懿旨謹貴人珍貴人著加

光緒二十年十一月初一日奉

恩准其上殿當差隨侍謹

言慎行改過自新平素粧

飾衣服俱按宮內規矩穿

戴並一切使用物件不准

違例皇帝前遇年節照例

准其呈進食物其餘新巧

希奇物件及穿戴等項不

准私自呈進如有不遵者

重責不貸特諭

085

承乾宫外景

承乾宫是紫禁城内东六宫之一，明永乐十八年（1420）建成，初曰永宁宫，崇祯五年（1632）八月更名承乾宫。清沿明旧，顺治宠妃董鄂妃曾居住于此。

086

慈禧太后惩罚珍妃木牌

年代　清光绪
收藏单位　中国第一历史档案馆

清代帝王提倡节俭，对后妃日常生活所需有着严格的规定，不许逾越。光绪二十年（1894）十一月初一日，慈禧太后即发布懿旨，要求瑾贵人、珍贵人谨言慎行，改过自新、平素装饰、衣服等不准违例。

087

许后奉案图挂屏

年代　清乾隆
作者　佚名
收藏单位　故宫博物院

乾隆年间，乾隆皇帝令宫中画师以中国古代后妃美德为范本，绘制《宫训图》十二幅，年节时分别张挂在东西六宫，事毕摘下，存放于景阳宫学诗堂。《许后奉案图》讲的是尊老的美德。

088

许后奉案赞挂屏

年代　清乾隆
作者　（清）弘历
收藏单位　故宫博物院

乾隆皇帝还为每副《宫训图》撰有御制赞，命大学士张照、梁诗正、汪由敦分别书写而成。每年腊月二十六日，在东西六宫张贴春联、门神之时，各宫正殿东墙张挂御制赞，西墙挂《宫训图》，至次年二月二日撤下。

二

仆役管理

（一）太监

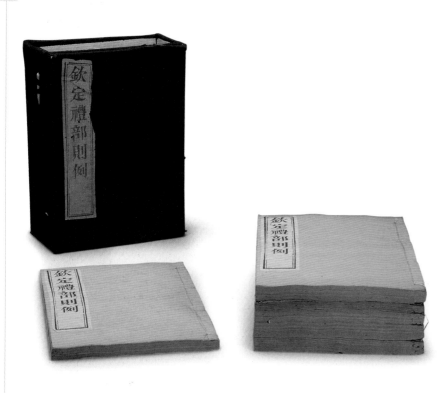

 089

《钦定礼部则例》

年代　清
收藏单位　故宫博物院

　　清中前期，礼部在清宫招募太监的过程中发挥了重要作用。它主要负责净身人员的登记，以及向宫中呈送太监等事情。乾隆四十一年（1776），乾隆皇帝取消了礼部的这一职能，将招募太监的工作交由内务府全权负责。

090

《大清一统志》中的《直隶全图》

年代　清
收藏单位　故宫博物院

　　清宫太监主要来自直隶地区。嘉庆时，总管内务府会计司招募牙行二个，由大兴、宛平两县造册呈送。这极大地限制了清宫太监的来源。当然，清宫亦有少数太监来自其他省份，如山东、江苏等。

慈禧照片中的李莲英（右一）

年代　清光绪
收藏单位　故宫博物院

　　乾隆时期，内务府令各王公宗室大臣向宫中交进太监。乾隆中后期，内务府规定各王公进献太监数目：亲王8人，郡王6人，贝勒5人，贝子4人。嘉庆时曾谕令停止交进太监，后又恢复。这一交进制度沿用至清末。李莲英即是由王府交进，入宫当差。

敬事房匾

年代　清
收藏单位　故宫博物院

　　敬事房为清宫管理太监事务的机构，隶属总管内务府，设立于康熙初年，并由康熙皇帝亲笔书写敬事房匾额。雍正时改名宫殿监，但旧名仍存，并为宫内所习用。其办事机构在乾清门西侧的廊房，毗邻皇帝的翰林侍从值班处——南书房。

093

敬事房外景

敬事房初设总管、副总管，下设首领太监、笔帖式、太监等。康熙六十一年（1722）十一月，定五品总管一人，五品太监三人，六品太监二人。雍正元年（1723）九月改太监总管为四品，副总管为六品，太监首领为七品、八品。乾隆七年（1742）规定，清宫太监官职不得超过四品，并永为定制。清末李莲英得以赏加二品顶戴，这是慈禧专政时的特例。

094

铜直把纽"敬事房"印

年代　清
收藏单位　故宫博物院

敬事房主要负责管理宫内各处太监的甄别、调补、赏罚，外库钱粮与应行礼仪诸事，以及记录各皇子、公主的出生情况等，以备纂修玉牒之用。其首领太监、笔帖式及一部分太监，则专门承应办理内务府的来往文移、夜间坐更、巡防等事宜。

《钦定宫中现行则例》函套及封面

年代　清
收藏单位　故宫博物院

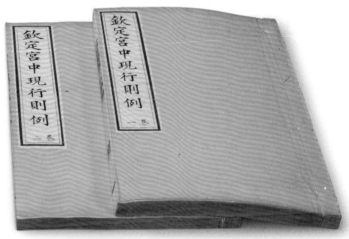

　　在宫廷中，除皇帝的家族外，还有大批内廷官员、侍卫、太监、宫女、妈妈、苏拉等人，如无规章制度的约束，将会干扰皇权。乾隆七年（1742），乾隆帝命敬事房将当时实行的内廷典礼事例，编辑为《钦定宫中现行则例》。卷首是乾隆及前朝皇帝有关内廷事务的训谕，以下分名号、玉牒、礼仪、宴仪、册宝、典故、服色、宫规、宫分、铺宫、遇喜、安设、进春、谢恩、钱粮、岁修、处分、太监等，共18门。

《钦定宫中现行则例》内页

年代　清
收藏单位　故宫博物院

　　清代皇帝汲取明亡教训，严禁太监干政。措施之一即严禁太监交结外官，但此类事情时有发生。这令清朝历代皇帝都对此非常警惕。在历朝编纂《钦定宫中现行则例》之时，都将禁止太监交结外官开列其中。

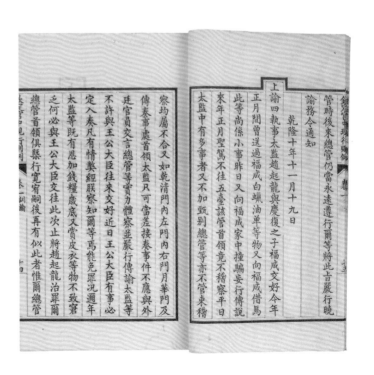

097

《钦定宫中现行则例》刻版

年代　清
收藏单位　故宫博物院

　　《钦定宫中现行则例》编写完竣、奏陈皇帝刊刻若干，发放宫中各处。道光二年（1822），内府共刊印49部新编宫中则例。这些则例采用不同的装潢，其中黄绫套者10部、石青绢套者10部、蓝布套29部，交敬事房按处陈设。

098

《御制西师诗》册

年代　清乾隆
作者　（清）弘历著　（清）于敏中书
收藏单位　故宫博物院

　　乾隆三十九年（1774），清宫太监高云从泄露道府记载案发，涉案的大学士于敏中、军机大臣舒赫德、总管内务府大臣英廉、尚书蔡新等官员都受到乾隆皇帝的严厉申斥。其中左都御使观保及侍郎蒋赐棨、吴坛还被革职。

隆宗门匾额

嘉庆时期，清宫太监管理松懈，一些太监加入天理教。嘉庆十八年（1813），民人林清策划并领导京畿一支队伍直接攻打紫禁城。九月十四日，林清等人乔装打扮，兵分两路，计划从东、西华门进入宫城。西华门一支在内应太监刘得才、刘金等人的引领下迅速攻打到隆宗门，并在此展开激战，后因力量悬殊而失败。隆宗门匾额上至今仍留有箭头，相传即这次战斗的遗迹。

100

《钦定内务府现行则例》刻版

年代　清
收藏单位　故宫博物院

《钦定内务府现行则例》即内务府的职掌条例汇编。清代内务府机构庞大、人员众多，为了使该机构运转良好，以更有效地服务于皇帝和皇室，自康熙朝始，清宫即按定例编定内务府则例。则例内容包括机构建置、职掌、历朝成例等。其中，即有对太监管理的规定。

101

《钦定总管内务府现行则例》内页

年代　清
收藏单位　故宫博物院

《钦定总管内务府现行则例》中对太监的选验、充任首领、退役为民、具体职责、惩罚措施都有较为具体的规定。

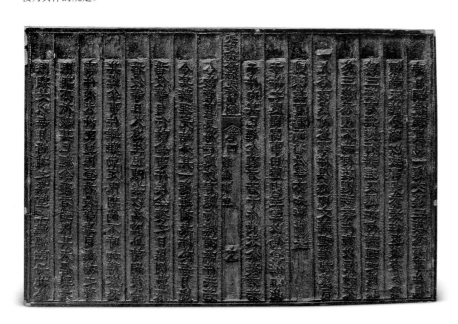

102

《传差撤差底簿》

年代　清

收藏单位　故宫博物院

清宫各项差役都有严格的等级制度。这一方面是因为各项差役都与钱粮相关，严防相关人员从中蒙混渔利；另一方面是为了加强对宫中人员的管理，在遇有问题之时，对相关人员进行追责。此簿册是记录宫内医疗诊治差使的档册。

103

“永和宫厨房他坦” 木牌

年代　清

收藏单位　故宫博物院

他坦是满语，又作他他、塌潭，其意为内监住房。清宫他坦数目众多，乾隆四十年（1775），清宫各主位，包括寿康宫，共有他坦 50 处。由于这些处所多雇佣厨役，不利于宫中管理，故经内务府奏准，严定各他坦雇佣人数。

104

泥塑太监像

年代　清

收藏单位　故宫博物院

太监是清宫最为主要的服役群体之一，他们承担着宫中主要的差役。乾隆十六年（1751）规定，宫中太监额数为 3300 名。实际上，这一数目从未足额，乾隆年间尚有逾 3000 人之时，其后，这一数目不断缩减。至咸丰时期，宫中太监裁定为 2500 名，但亦未能足额。

105

《弘历阅孔雀开屏图》中的太监

年代　清乾隆
作者　佚名
收藏单位　故宫博物院

　　太监的差使种类繁多，有的负责陈设、洒扫、坐更等事；有的负责传宣谕旨、带引召对人员、承接题奏事件等；有的负责管理库储、收发事宜；有的负责蓄养禽鸟等；还有的负责承应请轿、随侍御前等。画中乾隆身侧即为御前太监。

106

太监值房

　　为了主位生活需要，清宫中设立了很多太监值房。此为养心殿西值房。

惩罚逃亡太监档案

年代　清
收藏单位　中国第一历史档案馆

　　太监逃亡是清宫太监不能足额的重要原因之一。在康熙时期，即有太监逃亡出宫的现象，至乾隆时期，这种问题日趋严重。在初期，每年的太监逃亡人数不足 10 人，至中后期增长至 30 余人。道光时期，更是达到了 60 余人。光绪时期，其一年的逃亡太监人数多达 100 余人。清宫太监不仅逃亡人数多，而且许多太监的逃亡频次亦多。道光时期，曾有太监逃亡次数多达 16 次。

《颐和园图》中的万寿山

年代　清
作者　佚名
收藏单位　故宫博物院

　　清宫太监逃亡人数的不断增多，一定程度上影响了清宫差务的执行。作为处罚，乾隆时期内务府根据逃亡情况，将一些太监发往瓮山（今万寿山）铡草。乾隆十五年（1750）以后改发吴甸，并为后世帝王所沿用。在初期，一些因为逃亡而被罚铡草的太监，还要佩戴枷锁。

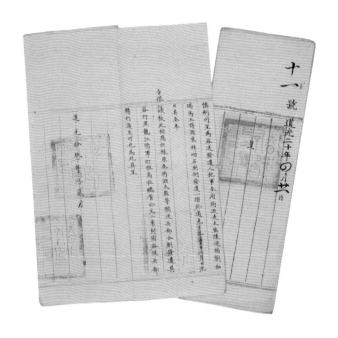

109

慈禧太后老照片中的爱犬

年代　清光绪

收藏单位　故宫博物院

　　慈禧太后非常爱犬，据说曾养犬二三十只。这是慈禧与后妃、太监在颐和园乐寿堂前的合影，其中地上即趴卧一犬，这是慈禧太后的爱犬之一。

110

《九犬图》轴

年代　清

作者　（清）黄际明　（清）李廷梁

收藏单位　故宫博物院

　　清宫养犬之风的盛行，使得一些画师将诸名犬作为绘画素材，描摹其图形，以供后宫主位欣赏。上有所好，下必甚焉。后宫养犬之风的盛行极大地带动了太监群体的养犬热，以至于许多上层太监都养有爱犬，他们将其交付底层太监为其打理。

111

绿色缎海棠菊纹狗衣

年代　清

收藏单位　故宫博物院

　　后宫之中，对一些爱犬极尽装饰之能，为其打扮装饰。这是清宫所藏狗衣之一。

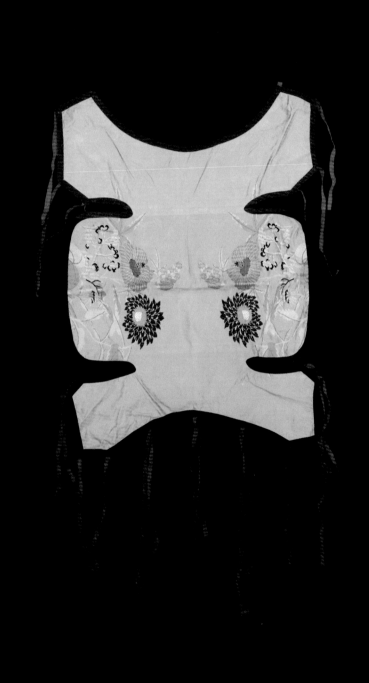

112

象牙竹背麻雀牌

年代　清
收藏单位　故宫博物院

　　后妃深居皇宫大内，其物质供应较为充足，但其精神生活较为匮乏，故具有一定娱乐性质的扑克、麻将等游戏成为其生活的调味剂。清宫太监差使繁重、地位低下，其生活枯燥无味，更需调剂。他们仿效后妃，赌博娱乐。太监赌博容易引发偷窃、斗殴问题，故为清帝所禁止，但宫中屡禁不止。

113

木筹码

年代　清
收藏单位　故宫博物院

　　此组筹码共有黑木 20 根，黄木 39 根。

114

象牙刻动物花筹

年代　清
收藏单位　故宫博物院

　　此组花筹由象牙制作而成，筹一面刻有动物、花卉图案，一面刻写动物名称及该筹所代表的筹码数目。

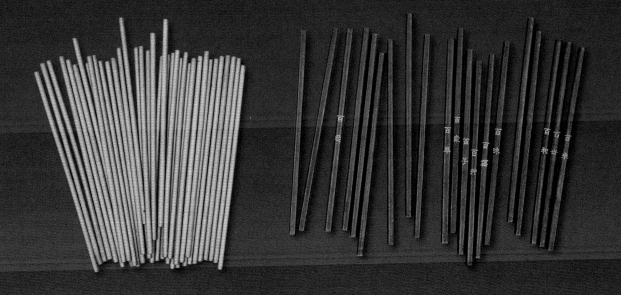

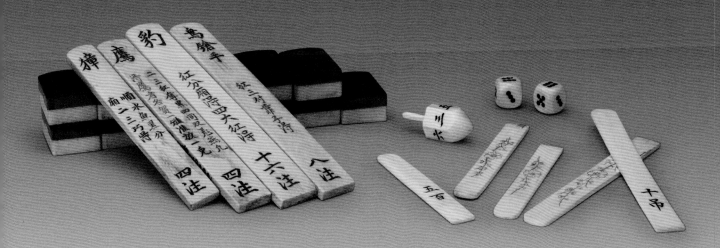

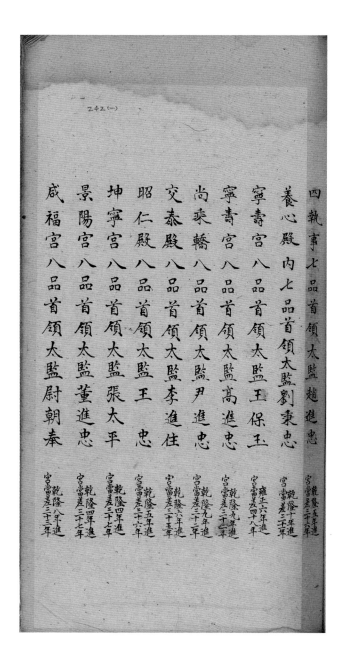

115

选用首领太监档案

年代　清

收藏单位　中国第一历史档案馆

　　清宫对首领太监的选用非常谨慎。乾隆三十年（1765）规定，除特旨补放首领外，其总管太监等保举首领太监，必须是行走谨慎、为人诚实，当差满三十年者方有资格。

　　嘉庆十一年（1806）年底发布恩旨，改变了乾隆年间制定的当差满三十年方许挑选首领的制度，将其期限改为当差满二十五年即可挑选首领。至道光二十五年（1845），道光皇帝又将太监晋升的当差年限改回了三十年。

116

清宫太监薪俸表

　　清宫太监收入包括银钱与米粮两种。这种薪米制度形成于乾隆年间，至清末并无大的变动。根据太监级别的不同，其收入亦有等差：四品之太监月银 8 两，米 8 斛，公费银 1 两 3 钱；五品之太监月银 6 两，米 6 斛，公费银 1 两 2 钱（后改为月银 7 两，米 7 斛，公费制钱 1 贯 200 文）；六品之太监月银 5 两，米 5 斛，公费银 1 两 1 钱（后改为制钱 1 贯 100 文）。不仅如此，即使同一级别之太监，由于承担的工作不同其收入也有差别。同为七品太监，御膳房、景山等处总管月银 5 两，米 5 斛，而乾清宫、四执事等处首领月银则为 4 两，米 4 斛。至于数量众多的普通太监更是分为四等：一等者月银 4 两，米 4 斛；二等者月银 3 两，米 3 斛；三等者月银 2 两 5 钱，米 2 斛半；四等者月银 2 两，米 1 斛半。其公费银皆为 6 钱 6 分 6 厘。

品级	月银	米	公费银
四品宫殿监督领侍、正侍	8 两	8 斛	1 两 3 钱
五品宫殿监督副侍	6 两	6 斛	1 两 2 钱
六品宫殿监副侍、执守侍	5 两	5 斛	1 两 1 钱
七品执守侍	4 两或 5 两	4 斛或 5 斛	1 两
八品侍监	3 两或 4 两	3 斛或 4 斛	7 钱 3 分 3 厘
无品级首领、副首领	高者 4 两，低者 1 两 5 分	高者 4 斛，低者 1.5 斛	宫内太监一般为 7 钱 3 分厘，外围太监无
其他普通太监	一等太监 4 两，二等 3 两，三等 2.5 两，四等 2 两	一等太监米 4 斛，二等米 3 斛，三等 2.5 斛，四等 1.5 斛	6 钱 6 分 6 厘

《恩赏日记档》

年代 清
收藏单位 中国国家图书馆

　　太监赏银有例赏与特赏两种。例赏即清宫明确规定之赏赐，如太监入宫之赏银、太监及其家属病故、年例赏银、节庆赏银、皇帝出巡等。其中，年例赏银与节庆赏银尤为重要。年例赏银虽然数额不大，但较为稳定，每年按例发放。节庆赏银则不仅数额较大，且较为频繁。每年端午、中秋、冬至、元旦及各主位千秋万寿等，主位都要有所赏赐。即使低级太监亦可获得赏银，少则一二两，多则几十两。

恩济庄太监墓位置图

　　对于清宫太监退休之后的生活，早在雍正时期即有所考虑。对那些无家业不能度日之人，每人每月赏银1两，以资养赡。为了进一步解决他们的晚年归宿问题，雍正十二年（1734），内务府在恩济庄修建太监坟墓茔地，至乾隆三年（1738）竣工。至于坟茔的管理费用则依赖于皇帝特批的田地地租。

太监贾进禄墓碑拓片

　　贾进禄，康熙三十三年（1694）五月十六日生，乾隆三十年（1765）五月十五日卒，长期服役宫中，曾充任乾清宫宫殿监正侍。

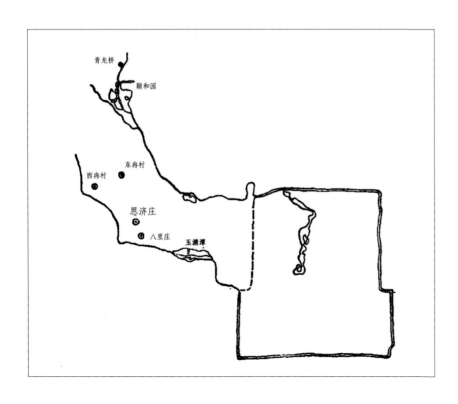

120

李莲英旧居

　　一些清宫太监在服役期间积累了诸多财富。在其退休之后，他们有豪宅居住，有过继的子嗣为其养老。李莲英即是其一，他利用巨额的财富，在京中购有多处房产，这是其中之一。

121

清宫太监为民档案

年代　清
收藏单位　中国第一历史档案馆

　　清宫太监只能在年老体衰、不能继续服务于宫廷之时，经内务府奏准，方许退休。太监退休时，清廷将会发给为民执照。初期，其执照由户部和内务府负责发放，乾隆时期则专由内务府发放。太监为民执照的内容非常简单，主要包括为民太监的年龄、相貌。除此，必不可少的即为颁发机构的印文。

照時仍由臣等復加驗看後即將該太監年貌
奏明交進當差並擬於准其為民行文發給執
即禀明該地方官呈報內務府臣等親加驗看
內註明病瘥繳銷字樣諭知該太監病勢就瘥
辦理外其合例准其為民者擬令於為民執照
之太監所有查驗一切章程應仍遵定例覈實
以防其弊臣等公同商酌嗣後凡遇因病為民
罕有難保非該太監等以病瘥後不行呈報向
無究辦明文遂至相率偷安不可不嚴定章程
乞退者為數不少而為民後呈報病瘥者殊為
各等語詳覈例義巳屬嚴明第查近年來告病
監等奏懲治及查驗不實之司員一併議處

該太監治罪外並將率行給假之總管首領太
之便私行外出無論有無滋事一經發覺除將
當差其中倘有捏稱篤疾虛報年歲或乘告假
員前往查驗一俟病瘥即將該太監照舊交進
治愈者概不准給予執照為民仍按月揀派司
五歲之太監等雖患病在外調養至一年尚未

王公大臣家服役出除將未能覺察之地方官
治罪外並將率行收用為民太監王公大臣由
人加倍治罪將未能覺察之地方官分別交該衙門議處其年未逾六十
方官不時稽查倘該太監等捏改姓名投往各
歲或實係篤疾方准給予執照為民仍由該地
內務府分別交各該衙門議處其年未逾六十

（二）宫女

老照片中的宫女

年代　清
收藏单位　故宫博物院

　　宫女是负责皇帝及后妃等主位日常起居的重要人群，她们皆出自内务府包衣之女。宫女地位不高，尤其是一般佐领、管领、庄头的属人之女被选入宫者，她们在宫中被称为"家下家女"，只能充当下等宫女。

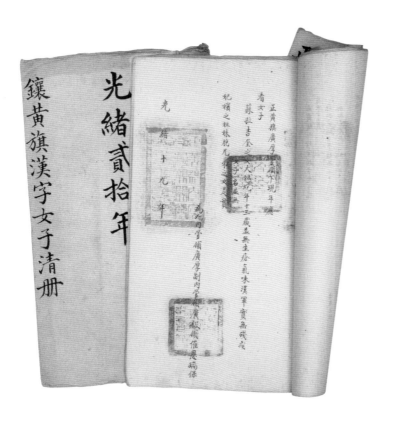

123

选宫女清册

年代　清
收藏单位　中国第一历史档案馆

　　内务府选宫女，也称之为"选秀女"。名称虽与皇帝选后妃同，但实质却有着天壤之别。内务府选宫女的范围主要是内务府佐领下、内管领下年至13岁的女子。该佐领、内管领造册送会计司呈堂汇奏，交总管太监请旨引阅。请旨钦定后，届日宫殿监率各处首领太监等关防，带引御览毕，引出。其秀女等各赏食官饭，赏给车银。车银系广储司支领。

124

待选秀女排单

年代　清
收藏单位　中国第一历史档案馆

　　选宫女也存在身份地位之别。乾隆三十三年（1768）至嘉庆十八年（1813），内务府秀女分为三旗，每旗按佐领、管领的顺序，六人为一排，由太监带领看阅；嘉庆十八年（1813）后，内务府秀女仍分三旗，但各旗官员之女按女子之父官阶品秩排列，兵丁之女按照各项钱粮分别排列，六人为一排。清后期，选宫女时不再称选秀女，而是称为引见包衣三旗使女。

125

宫女住处

宫女负责后妃的日常起居，随后妃吃住，其住所大都在配房或者耳房，距离后妃居室较近，以便传唤。宫女多是几人同居一室。当然，她们中的少数人亦可晋为主位。咸丰朝的吉贵人即园户之女。禧嫔即内府厨役之女。

126

因病出宫档案

年代　道光二十七年（1847）
收藏单位　中国第一历史档案馆

应选女子被选中之后，入宫服役，直到25岁才可出宫。这种制度始于雍正元年（1723），沿用至清末。这是正常的宫女出宫制度。实际上，还有服役未满年限而不得不出宫的情形。其一即宫女因生病，不适宜继续留内当差，经过内务府验看，确定确实不能应差之后，准其出宫。

除生病外，因笨不能当差是宫女服役未满年限而出宫的又一情形。如同对于生病，内务府亦要核查。其实，这一点较为不易。所以内务府所核查的主要是该宫女是否犯有过失，以及是否曾经遭受主位毒打、折磨。当查验之后，若情况属实，即准许其出宫。

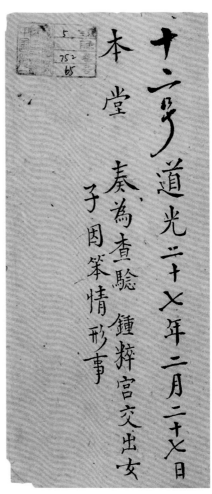

（三）其他人役

127

清宫挑选妈妈当差档案

年代　清
收藏单位　中国第一历史档案馆

　　妈妈，又称妈妈哩，主要在内务府管领下挑选无子女且年龄在 40 至 50 岁之孀妇，在宫内承应选看秀女、挑选嬷嬷、教习礼仪等差使。此档案记载嘉庆二十五年（1820）惩罚挑选妈妈哩不当之内管领事。

旨

　　奏請

　　　罪均毋庸查取紀級議抵為此謹

　　詳查應請罰俸六個月以上降罰處分雖係公

　　應請將郎中德興彭年各罰俸一年臣等未能

御批　三個月

　　報應行責革會計司官員率行轉送亦難辭咎

御批　鞭

　　力務察例降一級調用承辦頎催連德朦混呈

　　將内管頎揚與阿副内管頎保常均照不行實

　　常於挑選之初未能詳查之故殊屬不合應請

御批

　　現有二女此皆該内管頎揚與阿副内管頎保

　　内當差控稱並無子女及交進後戀女情切說出

　　食起見情愿進

　　差之媽媽哩原飯上人福德之妻李氏因為衣

　　詳查實無子女之人送進僂挑乃現在挑進僂

　　奏事查應挑進僂差之媽媽哩該内管頎等理宜

　　奏為恭

總管内務府謹

128

妈妈当差旧照

年代 清
收藏单位 故宫博物院

  妈妈在宫中的地位比宫女要高，但也会从事一些体力劳动。此照片为晚清宫中妈妈当差的情形。

129

张玉春旧照

年代 清
收藏单位 故宫博物院

  张玉春在宫中服役多年，曾先后侍奉过慈禧太后、隆裕皇后及端康皇贵太妃。

⑬⓪ 溥仪乳母旧照

年代　清

收藏单位　故宫博物院

　　嬷嬷，汉义是奶妈。清代皇宫内的乳母，皆
由各佐领内管领下选任，按月支给钱粮。皇帝乳
母的地位较高。照片中的王焦氏曾是溥仪乳母。

⑬① 清宫使用苏拉档案

年代　清

收藏单位　中国第一历史档案馆

　　苏拉是满语，汉义为闲散、松散。苏拉主要
包括清代满蒙汉闲散旗人，他们有时在宫中担任临
时杂役。乾隆皇帝规定宫中每月所用苏拉数目都
要奏明。具奏之时，不仅要开列宫内所用苏拉总
数，还要详细开列各处所办差务及应差苏拉人数。
　　乾隆皇帝要求对宫内使用数目加以限制，确
定每年以 5 万为准。

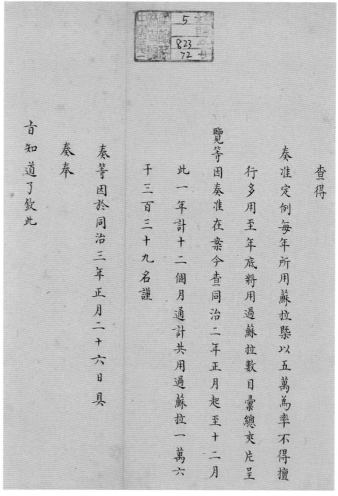

三

内务府官员

132

织造曹寅监制"兰台精英"墨

年代　清

收藏单位　故宫博物院

包衣是内务府成员最为重要的组成部分，他们是内务府官员的主要来源之一。在内务府官缺中设有内务府包衣缺。一般而言，这些官缺只许内务府包衣人员补授。江南织造曹寅即内务府包衣出身。

曹寅（1658—1712），康熙朝名臣，满洲正白旗内务府包衣，官至通政使司通政使，管理江宁织造、巡视两淮盐漕监察御使。

133

孝贤皇后半身像屏

年代　清

作者　佚名

收藏单位　故宫博物院

内务府官员之中，一些人因为其家庭成员中有人为后妃或曾经为皇帝、皇子乳母而在内务府得任要职。傅恒曾任总管内务府大臣，固然有其个人才能之因素，但其姐姐为孝贤皇后亦是重要原因之一。

孝贤皇后（1712—1748），乾隆皇后，富察氏，满洲镶黄旗人，大学士傅恒之姐。

134

竹股填漆边折扇

年代　清
作者　（清）王杰　（清）福长安
收藏单位　故宫博物院

　　福长安（1760—1817）是傅恒第四子，孝贤皇后之侄，于乾嘉之际曾长期出任内务府大臣。

135

内府官员来源户部档案

年代　清
收藏单位　中国第一历史档案馆

　　在内务府为官的人并不都是包衣人。皇帝为了更好地管理广储司六库，以内务府人员习气不好为由，选派部院司员兼管六库，以为牵制。这些六部官员三年更换一次。

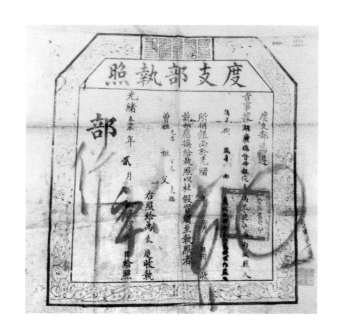

136

度支部捐纳执照

　　捐纳是内务府官员的晋升途径之一。自乾隆朝开始，一些内务府人员即已参与政府开办的各种捐纳。咸丰以后，清政府捐纳盛行，内务府人员广为参与。由此，捐纳成为内务府官员晋升的重要途径之一。
　　对于捐纳人员，内务府给其以奖励。这些官员多奏请将这些奖励转给其子侄等人。这些亲属得受父辈之荫，晋升较快。

137

和素像

年代　清

作者　佚名

收藏单位　故宫博物院

　　内务府官员主要是从低级官员——笔帖式、监生等起家，历经考核，一步一步，脚踏实地，进而成长为内务府中的上层官员。

　　和素（1652—1718），满洲镶黄旗人，官至内阁侍读学士。清代著名满文翻译家。

138

《苏州织造李煦奏折》

年代　民国

收藏单位　故宫博物院

　　无论职务高低，内务府官员都是皇帝的奴才。一旦工作失误或者不能完成皇差，其负责官员即要遭受处罚。李煦（1655—1729），内务府包衣，康雍时期人，曾任畅春园总管、苏州织造等职，并先后八次兼任巡视两淮盐课监察御史。雍正年间，胤禛以其"亏空官帑"为名，将其抄家，发遣打牲乌拉。

皇子公主篇

　　清代的皇族婚姻具有极强的政治色彩，曾为巩固满族政权发挥了重要作用。公主的婚姻是其重要的组成部分。清代公主的下嫁可追溯至努尔哈齐时期。清军入关后，满族皇帝的权力、身份地位已经凌驾于诸部领主之上，他们逐步加强了对公主与格格的婚姻管理。至乾隆时期，乾隆皇帝强令推行指婚蒙古的政策。嘉道时期，还产生了"备指额驸"制度。

　　为了公主下嫁，清代皇帝准备了丰厚的嫁妆。主要包括各种缎匹、服饰、金银器、瓷器、玉器、家具及仆从人员。这些嫁妆皆由内务府承办，却并非公主嫁妆的全部。若公主得宠于皇帝，其嫁妆亦会略有增加。和孝固伦公主下嫁之时，乾隆皇帝则在其嫁妆成例之外，另有赏赐，包括如意等项。此外，在公主下嫁之时，其亲朋好友亦会有所馈赠，这亦是其嫁妆的重要组成部分。当然，由于森严等级的存在，公主之间的嫁妆也有所区别。这主要体现在其嫁妆的品类与质地方面。

　　不仅公主的嫁妆由内务府置办，而且皇子娶福晋之时，女方的嫁妆亦多由内务府承办。与公主的嫁妆一样，这些嫁妆有的来自宫中库藏之物，有的是宫中现陈物品，有的为内务府造办处赶造，还有的则是内务府在外购办。

　　皇子、公主成婚之后，一般会搬出皇宫，在其府邸内独立生活。公主的府邸都是下嫁时赏给，但皇子府邸赏赐的时间并不固定：有的皇子成婚之后即会分赏府邸，有的则需在宫中居住相当长的时间才能得受。

清代皇帝不断加强对王府和公主府事务的管理。清初，由于各王势大，清帝不能实行有效管理。顺治初年规定，王府内设长史、司仪长、散骑郎等职，以佐理府内事务，但"王府官员缺，由该王府咨送补授注册"。此后，清帝逐步控制了王府属员的任用权。康熙时，王公护卫、包衣佐领的任命权被收回。至乾隆时，王府属员不能在其所属旗内挑选，只能在所属旗外选任，且不得任意罢免。

　　内务府还强化了对王公府内财务的管理。为了能够有效管理王府财务，内务府还会核查其出入账目。这种情况一般出现在王府财政出现问题之际。在公主薨逝之后，内务府一般会将其府第等财产收回，此时亦会核查其收支银两。

　　为了消除皇子、公主分府后的生活隐忧，根据其爵位高低，内务府确立了其不同的待遇。主要有粮庄、银庄、瓜果菜园等，以及王公随爵的红、白、蓝甲兵丁钱粮，此外还包括各种金银器皿、珍珠、缎匹等生活用品。当然，还有为数甚巨的金银。而为了给公主、皇子提供稳定的、可以依赖的财源，清帝还加赏他们当铺和收租官房。

　　王公和公主皆属天潢贵胄，他们得享富贵的同时，亦不得不受到诸多的约束。清代帝王对他们的管制更为严厉。许多王公、公主动辄受到处罚，有的甚至被削爵。这是维护皇权的需要，但也使得许多王公的身心受到摧残。

阿哥公主婚嫁

139

荣寿固伦公主（中坐）与他人合影

年代　清

收藏单位　故宫博物院

　　清制，皇后所生之女封为固伦公主，妃嫔所生之女封为和硕公主。若与皇帝同辈者则封长公主，长皇帝一辈者封大长公主。此外，一些王公之女或因抚养宫中，或因父荫，亦得公主封号。

　　荣寿固伦公主（1854—1911），恭亲王奕䜣之女。咸丰十一年（1861），特诏封为固伦公主。同治年间，被慈禧太后宣召进宫生活，后又改封荣寿公主。同治五年（1866），下嫁一品荫生志瑞。光绪七年（1881），晋封为荣寿固伦公主。宣统三年（1911）卒。

140

银镀金荣安固伦公主册

年代　同治十二年（1873）

收藏单位　故宫博物院

　　公主金册是其官方的身份证明。金册共四页，用五成金，每页十五两。金册两面，一面满文，一面汉文。清中前期用金制，咸丰六年（1856），始改用镀金。荣安固伦公主（1855—1874），咸丰皇帝之女，庄静皇贵妃生。同治五年（1866），指配瓜尔佳氏世袭一等雄勇公苻珍。同治九年（1870），封为荣安固伦公主。同治十二年（1873）下嫁，次年卒。

141

紫檀木梳背椅

年代　清

收藏单位　故宫博物院

　　公主下嫁时，皇帝赏赐为数众多的嫁妆。这些嫁妆中包括大量的家具。主要有各式桌椅、箱子、柜子、衣架、盆架等。清代固伦公主下嫁时，有各种椅子 32 张。

142

斗彩缠枝莲纹绣墩

年代　清

收藏单位　故宫博物院

　　和敬公主的嫁妆中，即有绣墩 8 个，取自圆明园。皇子成婚、公主下嫁的嫁妆，主要由内务府花费大量金钱为其置办。乾隆年间，大阿哥成亲，置办嫁妆用银 8000 余两，其中仅家具即用银 1800 余两。

楠木嵌瓷面圆杌

年代　清
收藏单位　故宫博物院

　　杌子是清代室内坐具之一。固伦公主下嫁时，
其嫁妆中有各种杌子16张。

硬木香几

年代　清
收藏单位　故宫博物院

　　香几是室内陈设的重要工具，在公主、皇子
福晋的嫁妆中亦有出现。皇子成婚之时，家具亦
是其中的大项，其类别与公主下嫁之时基本相同。

145

紫地描金开光大吉葫芦挂瓶

年代　清
收藏单位　故宫博物院

　　皇子、公主成婚之后，多移居自己的府邸居
住。移居之初，装饰府邸所需物品主要取自其嫁
妆。故在其妆奁之中，有大量的陈设及装饰物品。
此物品是宫内常用的装饰物品——挂瓶，亦是皇
子福晋、公主嫁妆中的常用物品。

146

硬木玻璃嵌松石玉松竹梅纹插屏

年代　清
收藏单位　故宫博物院

　　清宫之中，插屏是重要的陈设装饰用具。皇
子、公主的生活习惯亦深受宫中的影响，故其嫁
妆中亦有此类物品。

147

填漆描金蝠纹半圆桌

年代　清
收藏单位　故宫博物院

　　公主下嫁的诸多嫁妆并非皆为新办，很多则
是将宫中现存的物品修整见新。道光年间，寿恩公
主下嫁之时，内务府即从清漪园陈设中选择紫檀大
柜等，共计 161 件，作为其嫁妆。此桌是由两个半
圆桌组合而成，可单独使用，亦可组合应用。

148

红木雕龙首盆架

年代　清

收藏单位　故宫博物院

　　盆架是公主和阿哥福晋日常生活中的起居用品。在公主的妆奁中，固伦公主与和硕公主各有盆架 2 个。

149

花梨木龙首衣架

年代　清

收藏单位　故宫博物院

　　在公主嫁妆中，除盆架外，还有衣架。在固伦公主与和硕公主的妆奁中亦各有衣架 2 个。乾隆时十二阿哥福晋嫁妆中有衣架 1 个。

150

金漱盂

年代 清

收藏单位 故宫博物院

　　金银器皿是公主妆奁中的贵重之物。主要包括金茶桶、金折盂、金执壶、金碗、金盘、金匙、金杯盘、金镶象牙筷子、镀金箍银茶桶、银茶桶、银背壶、银执壶、银勺、银盘、银碟、银碗、银锅等。乾隆三十七年（1772），九公主下嫁时，仅置办金器即需用金 410 余两。

银火锅

年代　同治九年（1870）
收藏单位　故宫博物院

　　火锅是满族生活中的重要物品之一。固伦公主下嫁时，其嫁妆内有银器 60 余件、而和硕公主只有 40 余件。其中，固伦公主即有银火锅两件。

绛紫色五彩寸蟒缎

年代　清
收藏单位　故宫博物院

　　布匹是公主妆奁中的大项。主要有上用龙缎、蟒缎、妆缎、片金、闪缎、倭缎、蟒纱、素缎、绫、花纺丝、毛青梭布等。其中固伦公主的嫁妆中仅毛青梭布就有 2000 匹，缎纱绸 1000 匹。此为寸金蟒缎。

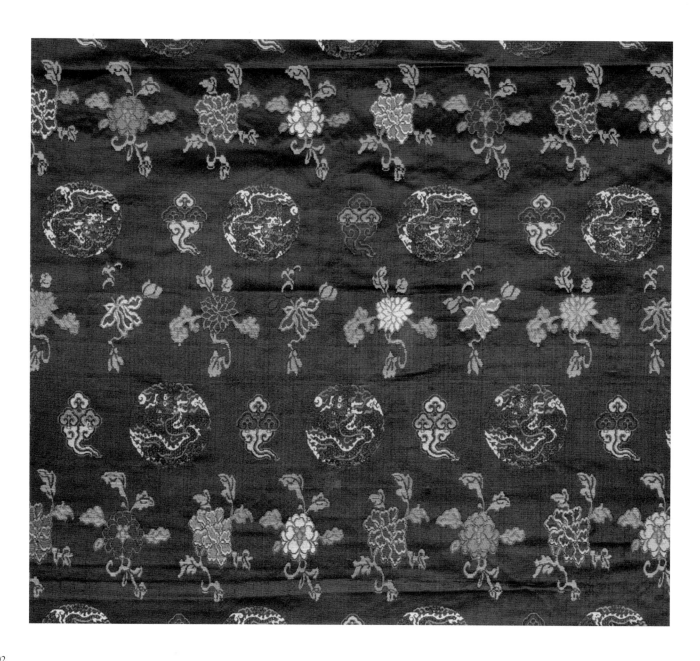

绛紫色五彩寸蟒缎

154

珊瑚数珠

年代　清
收藏单位　故宫博物院

　　公主嫁妆中的饰品，具有典型的满族特色，
包括镶嵌东珠帽顶、镶嵌东珠金佛、镶嵌东珠
金项圈、镶嵌东珠金箍、镶嵌东珠耳坠、金手镯、
金脚镯、珍珠数珠、珊瑚数珠、催生石数珠、琥
珀数珠等。

155

催生石带珠石朝珠

年代　清
收藏单位　故宫博物院

　　朝珠是皇室主要成员和高级官员的佩戴物，
是清代象征高级权贵的特殊饰品。公主的妆奁中
有各式各样的朝珠。和孝公主的妆奁中有珊瑚朝
珠、青金石朝珠、催生石朝珠、松石朝珠、蜜蜡
朝珠等。

156

银镀金嵌珠宝凤式簪

年代　清

收藏单位　故宫博物院

　　饰品之中，以各种金玉之属为多。由于较为贵重，宫内主要存放于养心殿等处。所以，每逢皇室人员婚嫁，此类物品多取自该处。乾隆年间，十二阿哥成婚，其福晋妆奁中的金玉物品有 50 余件套皆取自养心殿。

157

白玉雕花簪

年代　清

收藏单位　故宫博物院

　　簪子是女性专用之物，公主、皇子福晋的嫁妆中亦有此物，多为金制，镶嵌珠石。

象牙画夔凤什锦梳具

年代　清
收藏单位　故宫博物院

化妆用品是为公主特备的嫁妆。主要有象牙梳子、黄杨木梳子、篦子、抿子、牙刷、剔刷、镜子、镜子套及胭脂水粉等。此锦盒内为象牙梳具。和孝公主下嫁时，其妆奁中有象牙梳 10 副，黄杨木梳 75 副。而阿哥福晋的嫁妆中则有象牙梳 10 套，黄杨木梳 30 套。

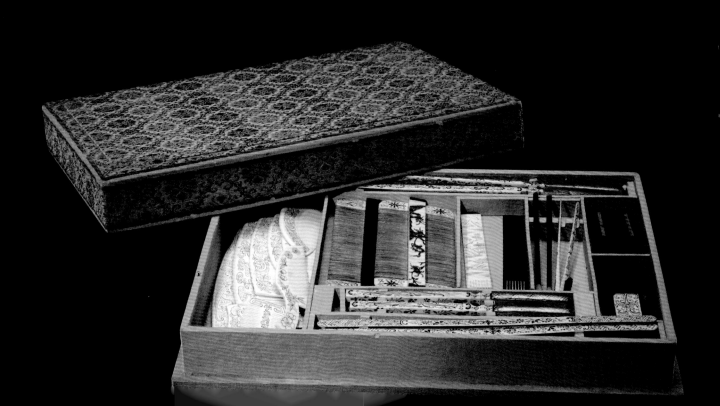

159

红色缎辫绣蟾宫折桂纹镜子

年代　清

收藏单位　故宫博物院

公主下嫁时，后宫嫔妃会添送嫁妆。其中有些是宫
中女眷的手工活计。此镜是带有吉祥图案的后宫活计。

160

铜镜

年代　清

收藏单位　故宫博物院

皇子、皇孙成婚之时，其福晋所需嫁妆亦多来自
宫中各处。乾隆年间，绵德阿哥成亲之时，其福晋嫁
妆中即有铜镜 2 面取自养心殿。

彩漆云蝠纹梳妆匣

年代　清
收藏单位　故宫博物院

　　在公主、福晋的嫁妆中还有成套的梳妆用具。这些梳妆用具有收纳梳具、化妆用品的功能，极大地便利了宫中女性梳妆。

二

皇子公主分府

162

雍和宫绥成殿

在清代，待皇子成年之后，清帝授予爵位，赐给府邸，令其出外居住生活。根据其爵位高低，这些府邸有着严格的等级限制。

雍和宫位于北京东城区雍和宫大街。康熙三十三年（1694），内务府在此建造府邸，康熙将其赐予四子贝勒胤禛。后胤禛被封为雍亲王，故称雍亲王府。雍正三年（1725），改王府为行宫，称雍和宫。又因乾隆皇帝诞生于此，雍和宫出了两位皇帝，是"潜龙福地"，故其殿宇规格极高，红墙黄瓦，与紫禁城宫殿相同。乾隆九年（1744），雍和宫改为喇嘛庙。

163

寿山石"和硕雍亲王宝"

年代　清

收藏单位　故宫博物院

此宝是雍正为亲王时所制。胤禛于康熙三十七年（1698）封贝勒，康熙四十八年（1709）晋封雍亲王。

164

恪靖公主府

恪靖公主府位于呼和浩特新城区赛罕路，建于清康熙年间，是康熙皇帝六女儿和硕恪靖公主的府邸。

恪靖公主（1679—1735），贵人郭络罗氏生。康熙三十六年（1697），封为和硕公主，下嫁博尔济吉特氏喀尔喀郡王敦多布多尔济。雍正元年（1723），晋为固伦恪靖公主。

165

和敬公主府大门

和敬公主府位于北京东城区张自忠路，是乾隆皇帝第三女固伦和敬公主的府邸。和敬公主（1731—1792）生于雍正九年（1731），母亲是乾隆皇帝深爱的孝贤皇后。乾隆元年（1736），封为固伦和敬公主。乾隆十二年（1747），下嫁辅国公色布腾巴勒珠尔。乾隆皇帝准其居住京城，并为其建造该府邸。

166

恭王府大门

恭王府位于北京什刹海西南角，曾是乾隆朝权臣和珅的住宅。嘉庆时，和珅被抄家，其府邸赏赐给庆亲王永璘。咸丰二年（1852），奕䜣分府，咸丰皇帝又将其赐予奕䜣。因奕䜣受封恭亲王，故称"恭王府"。

167

奕䜣旧照

年代　清

收藏单位　故宫博物院

奕䜣（1832—1898），道光皇帝第六子，咸丰皇帝异母弟。道光三十年（1850），宣宗病危，遗旨封为恭亲王。他是咸丰、同治、光绪三朝名臣，尤其对同治朝政局发挥了重大作用。

168

奕谭旧照

年代　清

收藏单位　故宫博物院

奕谭（1840—1890），道光皇帝第七子，光绪皇帝之父，是同光时期的重臣。咸丰继位后，封为醇郡王。咸丰九年（1859）分府。同治三年（1864），加亲王衔。同治十一年（1872），晋封为醇亲王。1874年，获许爵位世袭罔替。

丁酉冬日 東野踏雪自江南還
為余言宣城道上見梅花之
作因屬圖之其詩云不覺寒
香暗襲衣一枝臨水出巖扉
好風竟日無人貴殘雪空林
有雀飛也向陽和舒巧笑那
緣幽獨搯清暉宣城日晚
經過審相對無言巳廢饑
泃高峯得意之作也不如此
安能使人恍若身游勝境
而為之圖畫我然愈不禁
神往矣
　皇十一子筆識

醇亲王府

　　醇亲王奕譞初封府邸位于西城西南太平湖畔原荣亲王府，后因其子载湉入继大统，其府邸成为潜邸，故从原府邸迁移至新府。新的醇亲王府位于后海北面，前身是大学士明珠住宅。乾隆五十四年（1789），内务府将其按王府规制改建，赐予成亲王永瑆。

《宣城见梅图》卷

年代　清乾隆
作者　（清）永瑆
收藏单位　故宫博物院

　　永瑆（1752—1823），乾隆皇帝十一子，清代著名的书法家。乾隆五十四年（1789），封成亲王。

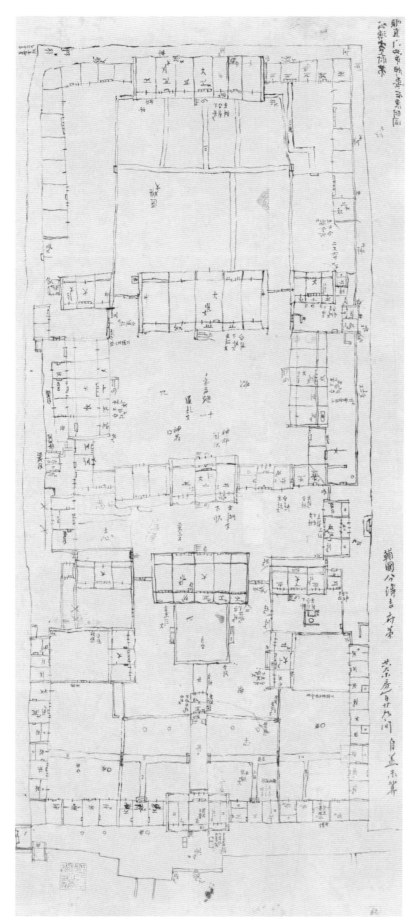

171

辅国公溥吉府第地盘尺寸草图

年代 清

收藏单位 故宫博物院

　　皇子所分府邸有的是内务府拨款兴建，有的则是将旧有府邸加以修缮利用。

弘瞻像

年代　清乾隆
作者　佚名
收藏单位　故宫博物院

　　弘瞻（1733—1765），雍正皇帝第十子，后序为第六子。乾隆三年（1738）出继果亲王允礼为后，袭封果亲王。

三

王公管理

《宗室王公世职章京爵秩袭次全表》

年代　清

收藏单位　故宫博物院

　　清代有严格的爵位升降制度。乾隆二十九年（1764），弘历以宗室王公或因军功、或因位列天潢本支而得有爵位，而军功者历时久远，必加以追述，以昭示将来。谕令大学士、宗人府等将其"立功之端委，传派之亲疏"，编纂成册，进呈御览。

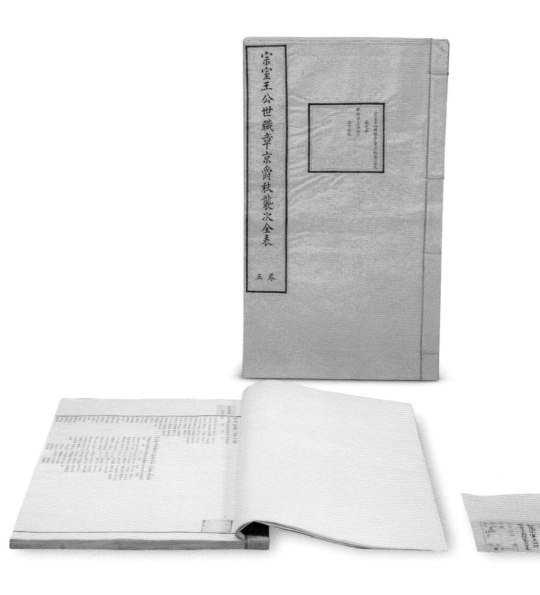

《宗室王公功绩表传》

年代　清

收藏单位　故宫博物院

　　乾隆二十九年（1764），乾隆皇帝命宗人府内阁考核宗室王公功绩，辑为表、传。乾隆四十六年（1781），乾隆又以某些事迹不详、叙事草率等为由，要求另行改纂。乾隆五十五年（1790）校订成书。该书涉及宗室王公殊勋茂绩、功过荣辱之评说。

175

《钦定王公处分则例》

年代 清

收藏单位 故宫博物院

　　清代非常注重王公的管理。《钦定王公处分则例》是清代关于宗室王公处罚的重要法律条文，从审判程序、定罪方法、量刑原则等方面对王公的惩罚制度化。

176

命追复睿亲王封爵谕卷

年代　清乾隆

作者　（清）弘历

收藏单位　故宫博物院

　　多尔衮（1612—1650），努尔哈齐第14子，1626年封贝勒，崇德元年（1636），因战功卓著，封和硕睿亲王。清军入关后，先后受封叔父摄政王、皇叔父摄政王、皇父摄政王。顺治七年（1650），病死。顺治八年（1651），以谋逆罪削爵。乾隆四十三年（1778），特诏昭雪，恢复其宗籍，追还原封王爵，世袭罔替。此为乾隆皇帝追复多尔衮王爵的上谕。

宫中饮食篇

　　入关前，满族饮食并不讲究烹调，菜肴也较为简单。入主中原后，随着统治的日益巩固与经济的迅速恢复、发展，其饮食变得逐步讲究起来。他们以东北满族传统为基础，充分借鉴、吸收、融合汉族饮食精华，形成了独具特色的清宫饮食，并由此确立了宫中的饮食制度。

　　宫中饮食是内务府管理的重要方面之一，御茶膳房是其专设的管理机构。御膳房有内外之分，景运门外的是外御膳房，养心殿南侧的叫养心殿御膳房，是内膳房。御茶膳房下面又分五局：荤局、素局、饭局、点心局、挂炉局（专管烧烤菜点）。此外，掌关防管理事务处也与宫中饮食事宜密切相关。该处下设官三仓、恩丰仓、内饽饽房、外饽饽房、酒醋房、菜库等机构，为宫中提供各种食材并承办各种饽饽。

　　皇帝御膳是清宫饮食的重中之重。为昭慎重，内务府对皇帝每餐膳食均有记录，其内容主要包括皇帝进膳时间、次数、所用膳食器具及膳食品类。雍正以后，清代皇帝所进膳食的品类、品种变化较小，趋于固定。皇帝饮食，尤其是早晚两次正膳，从用膳地点到膳食品类等一应事宜都要事先由主管太监请旨。膳后皇帝常常将一些膳食赏赐给后妃、太监、大臣、侍御等人。

　　宫中后妃、皇子、公主等日用食材品种、数量有严格规定。根据其身份、地位的不同，内务府配给不同的米、面、菜蔬、肉、蛋等，不得僭越。这只是常例，实际情况较为复杂，皇帝会根据情况对后宫主位等人频繁赏赐，添进菜品。

清宫日常饮食蕴含丰富的礼仪内容。在宫中，上自皇帝，下至妃嫔，进膳前后多要行礼——赐食、进食。皇帝要向皇太后进食品肴馔，皇后、妃嫔、皇子要向皇帝进膳等，而皇太后赐食皇帝，皇帝赐食妃嫔、皇子等。

宫中筵宴之时，礼仪更胜。首先，根据身份、地位的不同，依次顺列位序。其次，宫中饮食器具之中，黄金制品、黄釉瓷器只有皇帝、皇太后及皇后可用，充分体现了帝王无上尊贵隆重的气派。其他人非有特旨，不得僭越。最后，清宫的诸多筵宴，都需要音乐配合开展进行。

膳食之外，宫中饮茶之风甚盛。为了满足宫中需要，地方官员进献了大量优质茶叶。贡茶运到京城后，部分茶由礼部接收，然后交广储司的茶库保管、分配。部分茶则直接进入皇帝的御用茶房——清茶房和奶茶房，供皇帝直接使用。此外，御茶膳房也是清宫管理茶叶的一个重要机构。

茶在清宫中的用途非常广泛。除了直接冲泡的饮茶方法外，清宫的饮茶习俗中最具特点的是奶茶的饮用。不仅如此，康熙、乾隆等清朝皇帝还举行大型茶宴，盛极一时，而各种大型节日活动期间的茶事活动更是经常。同时，清代皇帝在各种场合会见臣下、外藩及外国使臣时，几乎每次都会赏赐一定数量的茶叶。更有甚者，清宫还将茶叶用于祭祀和入药。

御膳房

177

御茶膳房

内务府中负责供应宫廷茶饭的机构，位于紫禁城外东路。顺治元年（1644），宫内分设茶房、饭房，乾隆十三年（1748）合并为御茶膳房。设有管理事务大臣、尚膳正、尚膳副、尚茶正、尚茶副、尚膳、尚茶等职，有庖长、厨役等400余人。具体负责皇帝及内廷各处每日的茶、饭所需各种食物的供应；负责宫廷各种筵宴，内廷诸臣及值班、守卫人员的饭食；管理各种食材及各种饮食器皿。

178

御膳房院内

御膳房位于养心殿南，称为养心殿膳房。御膳房设有荤局、素局、挂炉局、点心局、饭局五局，下设庖长2人，副庖长2人，庖人27人，领班拜唐阿2人，拜唐阿20人，承应长20人，承应人44人，催长2人，领催6人，三旗厨役57人，招募厨役10人，夫役30人。此外还有众多的司膳太监，负责赏用膳馐、各处供献、随侍、坐更等事宜。

179

檀香木"长春宫寿膳房"章

年代　清
收藏单位　故宫博物院

　　除御茶膳房和御膳房外，后妃所居各宫亦多各自设有膳房，以满足后妃日常的生活需要。此外，皇帝经常往返之处有的也设有厨房，以承应一些饮食事务。此为长春宫寿膳房章。

180

宫中膳单

年代　清
收藏单位　中国第一历史档案馆

　　膳单即皇帝的食品清单。清代规定，皇帝进膳必有膳单，上面开列皇帝每餐的食物明细、用餐时间、用餐地点和御厨姓名等内容。皇帝用餐完毕后，常常将某一食品赐予某处或者某人。其赏赐之人包括后妃、阿哥、公主及御前大臣等人。

181

银镀金执壶

年代　清

收藏单位　故宫博物院

　　清宫礼制森严，非有特许，低级人员不得使用金器。在御膳房内存有一定数量的金器及镀金银器，以供皇太后、皇帝和皇后使用。此执壶为筵宴用酒具。

182

金带盖大碗

年代　清

收藏单位　故宫博物院

　　帝后出巡之时，亦要携带部分金器应用，以与礼制相符。第二次鸦片战争期间，英法联军进攻北京城。咸丰皇帝逃往承德。由于事发突然，未能携带相应的金器，而承德行宫亦未有存，咸丰皇帝谕令相关人员将宫内存的相关金器送往行宫。

183

金筷子

年代　清

收藏单位　故宫博物院

在皇帝的御用食具中，金筷子是其中的重要组成部分。这些金筷子有的是纯金铸造、有的则是镀金，或者是金镶玉等。

184

黄地矾红彩描金蝙纹寿字碗

年代　清同治

收藏单位　故宫博物院

瓷器是宫中饮食的主要器具，其中多装饰寓意吉祥的图案。此碗饰以蝙蝠与寿字，寓意多福多寿。

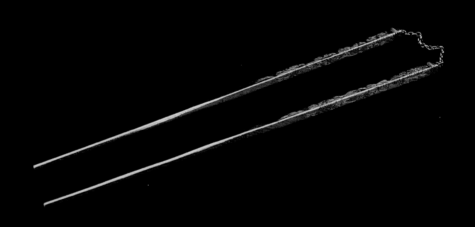

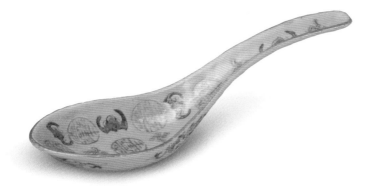

185

黄地矾红彩描金蝠纹寿字羹匙

年代　清光绪
收藏单位　故宫博物院

　　清宫中一些饮食用具都是成组成套使用。此羹匙亦装饰有蝙蝠、寿字，与装饰相应图案的碗、盘合用。

186

黄地矾红彩描金蝠纹寿字高足盘

年代　清同治
收藏单位　故宫博物院

　　清宫内、高足盘的使用较为广泛。在宴会时，此种器具主要用于盛放水果或各种点心。

黄地矾红彩描金蝠纹寿字高足碗

年代　清
收藏单位　故宫博物院

　　高足碗，也称高足杯，盛行于元代，明清亦
有大量烧制。

188

青玉托碗

年代　清
收藏单位　故宫博物院

　　玉器是清宫的重要饮食器具之一，皇帝和级
别较高的后妃方可使用。在后妃铺宫中，只有皇
太后和皇后方有玉质器具。此外，皇帝巡幸之际
亦会携带玉质器具使用。

189

青玉匙

年代　清
收藏单位　故宫博物院

　　清宫中、玉碗、玉匙、玉箸等玉质饮食器具多配套使用。

190

青玉箸

年代　清
收藏单位　故宫博物院

　　从清宫遗存来看、在玉质筷子中、整体为玉质者数量较多。此外、尚有金镶玉筷子、乌木镶玉筷子等。

191

剔红八仙图桃式盒

年代　清
收藏单位　故宫博物院

　　许多清宫饮食器具匠心独具、造型优美、寓意吉祥。此漆盒外观呈桃形、寓指长寿之意。其内置小桃盒九个、以分别盛放食物。

192

青花食盒

年代　清同治
收藏单位　故宫博物院

　　清宫有各种材质的食盒，以满足各种场合及盛放不同食物的需要。其中，漆器与木质食盒较多。此食盒为同治时期的青花瓷食盒。

193

紫檀食盒

年代　清
收藏单位　故宫博物院

　　食盒是运送皇帝饮食的上佳选择。尤其是清帝经常携带后妃巡幸各处，在此期间，食盒更是内务府的必备品。

194

燕窝

年代　清
收藏单位　故宫博物院

　　燕窝是上等的食用补品，食用时常与菜肴相配，多用于制作羹汤。乾隆皇帝即非常喜食燕窝，几乎每天早晨都会食用冰糖燕窝粥。清宫的燕窝来源于地方进贡。

195

银带盖大火锅

年代　清
收藏单位　故宫博物院

　　清代统治者兴起于东北地区，爱食火锅。每年自十月十五日起各宫几乎每顿饭都有火锅，至来年正月十六日方始更换砂锅。

二
御茶房

御茶房

　　御茶房，又称"尚茶房"、"上茶房"，是皇帝及后妃的专用茶房。御茶房的具体位置有两处：一在坤宁宫西庑，一在乾清宫东庑。后者内有康熙皇帝御笔匾"御茶房"。御茶房由茶房管理总大臣管理，无定额，特旨简派。御茶房主要掌管皇帝日常饮茶、烹饮奶茶、日常饮用水的运送保存，以及制作一些相关的点心等物品。

197

梅片贡茶

年代　清

收藏单位　故宫博物院

　　梅片茶是清代地方进献清宫的贡茶之一，它与雀舌茶和银针茶都属于六安茶的范畴，是六安茶中的优选茶品。进贡时在包装上都十分讲究，一般在外有特制的黄色包袱包衬，里面为专门制作的锡茶叶罐、罐上刻有各种纹饰。梅片贡茶上面镌刻有龙纹和梅花图案，中心有红色"梅片贡茶"四字。

198

龙井茶

年代　清

收藏单位　故宫博物院

　　龙井茶是清代浙江贡茶的重要品种之一。龙井为杭州地区所特产的名茶，自唐代开始声誉日隆，特别是雨前龙井，更是为世人所重。乾隆皇帝六次南巡，曾四次到龙井茶的产茶区，并有大量描写龙井茶的诗句，其中有一首《雨前诗》："谷雨前之茶，恒为世所珍。巡跸因近南，驿贡即已臻。计其采焙时，雨水以后旬。谷雨早月余，而尚未春分。欲速有如此，风俗安得醇。更忆夷中诗，可怜我穷民。尚茶供三清，不忍为沾唇。"

199

珠兰茶

年代　清

收藏单位　故宫博物院

　　珠兰茶是清代安徽贡茶的重要品种之一。珠兰花茶是以烘青绿茶和珠兰或米兰鲜花为原料窨制而成，其香气幽雅持久，为宫中所喜爱。

银荷花纹提梁壶

年代　清
收藏单位　故宫博物院

　　清宫茶具多为地方或宫内置办，但至清末，清王朝与世界联系加强，国外器物亦通过不同途径进入宫廷。此壶即源自日本。

201

银盘

年代　清

收藏单位　故宫博物院

　　御茶房所用茶具以银器为主，还有部分为金器。根据清宫规定，使用一定年限之后，由皇帝钦派王大臣等，将茶房等处金银器皿，共同查验数目、分量，将不堪使用者，奏明交广储司银库，依原式样打造。此银盘刻有"御茶房"款，为御茶房专用。

202

银茶壶

年代　清光绪

收藏单位　故宫博物院

　　为满足皇室人员的饮茶需求，宫中不仅设有御茶房，还设有清茶房、皇后茶房、皇子茶房及东西六宫的茶房等。此为光绪时期宫中茶房所用银茶壶。

203

银匙

年代　清

收藏单位　故宫博物院

　　除御茶房外，宫中部分茶房亦可使用一些银质茶具。此银匙柄上刻有"永和宫茶房"字样，为永和宫茶房专用。

204

粉彩八宝缠枝莲纹多穆壶

年代　清乾隆
收藏单位　故宫博物院

　　多穆壶是清宫饮用奶茶的重要容器，在多种
筵宴场合都要用到。清宫多穆壶有多种材质，常
见的有掐丝珐琅多穆壶、金银多穆壶、瓷多穆壶
及皮胎多穆壶等。

205

皮胎紫漆描金缠枝莲纹多穆壶

年代　清
收藏单位　故宫博物院

　　清宫所制皮胎多穆壶数量不多，主要供野外
活动时使用。

206

《光绪大婚图》中的多穆壶

年代　清光绪

作者　（清）庆宽

收藏单位　故宫博物院

　　此为光绪大婚图中用多穆壶饮用奶茶的情景。清宫使用多穆壶时，多为两人协作完成。其中一人一手执壶柄，固定壶身，一手缓缓抬高底部，将奶茶倒出。另一人则双手持奶茶碗，盛接奶茶。

207

银累丝奶茶碗

年代　清

收藏单位　故宫博物院

　　一般而言，清宫奶茶碗碗口偏大、器壁矮浅、材质多样、制作精美。此奶茶碗外有银累丝碗罩，内有银镀金里。

208

白玉错金嵌宝石双耳碗

年代　清乾隆

收藏单位　故宫博物院

　　清宫中有部分玉质奶茶碗，此碗即精品之一，深为乾隆皇帝所喜爱。碗内部有楷书乾隆帝御制诗一首："酪浆煮牛乳，玉碗拟羊脂。御殿威仪赞，赐茶恩惠施。子雍曾有誉，鸿渐未容知。论彼虽清矣，方斯不中之。巨材实艰致，良匠命精追。读史浮大白，戒甘我弗为。"诗中"赐茶恩惠施"说明庆典活动时还将其当作赏赐奶茶的用具。

　　此为该碗外部装饰的宝石及花卉图案。腹外壁饰花叶纹，枝叶由金片嵌饰而成，花朵则以108颗精琢的红宝石组成。此奶茶碗款识在碗内底正中，其款识并非常见的"乾隆年制"，而是四字隶书款"乾隆御用"。由此可见乾隆皇帝对此碗的珍爱。

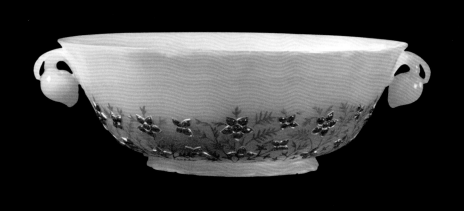

209

象牙雕山水人物图金里碗

年代　清
收藏单位　故宫博物院

　　宫内用象牙材质的奶茶碗为数不多，当是皇帝追求各类艺术品而特别制作。

210

匏制寿字番莲纹镶银里茶盅

年代　清乾隆
收藏单位　故宫博物院

　　匏，俗称葫芦。匏奶茶碗是用葫芦制成的。明清时制匏工艺大大发展，康熙、乾隆朝达到鼎盛，品类丰富，工艺成熟。清帝出于爱好而不断地以匏为材料制作奶茶碗。清宫匏制奶茶碗内里除黑漆外，还有银里、铜镀金里。

《弘历观月图》轴

年代　清乾隆
作者　佚名
收藏单位　故宫博物院

　　乾隆时期的许多宫廷画中都有弘历饮茶的场景。该图中茶壶、茶碗、茶叶罐等茶具清晰可见。

212

粉彩开光人物煮茶图壶

年代 清乾隆
收藏单位 故宫博物院

　　饮茶配以美器，可以助茶兴，增加品茗的韵味。清代帝后，在饮茶生活中，不仅讲究用水，而且也极为重视茶具。宫廷制茶壶的材质，尤以瓷见长。

213

宜兴窑紫砂诗句松树烹茶图壶

年代 清
收藏单位 故宫博物院

　　乾隆皇帝曾命人在宜兴烧制一批精巧典雅的紫砂茶壶和茶罐，并在上面赋诗题铭。此壶题诗："溪烟山雨相空濛，生衣独坐杨柳风。竹炉茗碗泛清濑，米家书画将无同。松风泻处生鱼眼，中泠三峡何须辨。清香仙露沁诗脾，座间不觉芳堤转。"

宜兴窑紫砂绿地粉彩描金瓜棱壶

年代　清乾隆
收藏单位　故宫博物院

　　部分清宫紫砂壶式样由宫中制定，然后依样烧制成胎后送至宫廷，交由宫廷造办处画匠按皇帝的旨意绘制纹样、着色、题款，使其具有浓厚的宫廷特色。此为乾隆时期宫中所用紫砂壶。

紫砂茶具

年代　清
收藏单位　故宫博物院

　　如同瓷器一样，清宫紫砂器亦多成套使用。此为宫中的成套紫砂茶具。

216

斗彩云龙纹盖碗

年代 清雍正
收藏单位 故宫博物院

清宫用瓷茶碗主要由景德镇窑厂应宫廷的要求而烧制。这些茶碗或供茶库备用，或供各主位茶房备用，而备用的目的是应宫内举行不同规模的筵宴、庆典活动之用。

217

金地粉彩莲花纹盖碗

年代 清乾隆
收藏单位 故宫博物院

清代皇帝，尤其是康熙、雍正和乾隆具有较高的审美情趣，他们非常关心茶具的生产与制作。对于一些特殊的品种，诸如紫砂、瓷胎画珐琅、粉彩等茶具的烧制，他们要求清宫造办处按其要求对景德镇烧好的素胎进行二次加工，直至符合其要求。此盖碗即乾隆皇帝以荷花为题材的诸多御制茶具之一。

218

乾隆御题《三清茶》诗青玉盖碗

年代　清乾隆
收藏单位　故宫博物院

　　乾隆择吉日设茶宴招待文臣时，与宴人员限
定在 18 人，寓意"十八学士登瀛洲"。茶宴上赐
臣子以梅英、佛手、松实三品用雪水烹制的寓意
高洁的三清茶。

219

银烧蓝茶船

年代　清宣统
收藏单位　故宫博物院

　　茶船是盏托的一种，因外形如船而得名。
盏托，也称"茶托"、"托盘"等，是茶壶、茶
碗的承载物。其功能主要是固定茶盏，防止烫
手，此外还有利于礼仪端茶和保护桌面。

220

粉彩海棠式盘

年代　清乾隆
收藏单位　故宫博物院

　　海棠式盏托，系根据海棠花而设计的式样，有四瓣花，也有六瓣花，外观俏美。这种茶盘是清帝们的御用茶具之一，工艺也是极为精湛的。雍正、乾隆、嘉庆等皇帝，在制作茶盘的谕旨中常提及海棠式茶盘。此为乾隆款粉彩海棠式茶盘。

221

银镀金镂空寿字茶船

年代　同治十一年（1872）
收藏单位　故宫博物院

　　茶托中双喜字有特殊的意义。同治皇帝大婚时，宫廷特别定制了一批金银茶具，该茶托是其中之一。此托底部刻字："同治十一年、二两平重三两一钱二分。"两行中心盖"義和"、"足纹"章。

222

孝钦显皇后像

年代　清
作者　佚名
收藏单位　故宫博物院

图中慈禧太后茶杯下的托与上图
同治大婚时所制作的茶船一致，可以
佐证，金茶船或银镀金茶船，其主人
非皇太后、帝后等人莫属。

223

银珐琅长方盘

年代　清
收藏单位　故宫博物院

清中期以后，宫内诸多茶具多向
民间有实力的银楼定制。此件长方形
茶盘，是北京的德华号银楼打造。

 224

紫檀竹编分格式茶籯

年代 清
收藏单位 故宫博物院

　　茶籯是放置茶具的盛储器具，是烹茶品茗的重要物品。茶籯被分隔成若干部分，分别放置茶壶、茶碗、茶罐及小茶炉。茶籯一般小巧灵便，便于携带，以为出行使用。

 225

竹编茶炉

年代 清
收藏单位 故宫博物院

　　茶炉是专用于煮茶烧水的用具。炉内设泥制炉膛，炉床外留出灰方形口，炉外呈四方形，四边框各以竹圆柱为架，周身以竹皮沿竹框架编织竹篾纹，炉底部完全封闭。此种茶炉体量较小，是宫中出行所用，出行之时即放置于茶籯之中。乾隆皇帝曾制作有数件竹茶炉。此外，宫内还有铜茶炉、泥茶炉。

 226

重华宫

重华宫位于紫禁城西六宫北侧，乾隆皇帝登基之前曾居住于此。乾隆皇帝爱好饮茶，又有文人雅士之风，于是效法古代文士，把茶会活动搬到了宫廷。重华宫成为清宫茶宴的重要场所之一。清宫茶宴都要选择吉日举行，多在每年正月初二至初十日。其主要活动则是作诗和饮茶。

227

清宫画中的煮茶图

年代　清乾隆
作者　佚名
收藏单位　故宫博物院

清宫内，除皇室人员的饮用及举办茶宴外，还有一部分茶作为药材使用。清宫茶的用途如此广泛，以至于宫内几乎不可一日无茶，处处茶水沸腾、茶叶飘香。此为弘历古装通景屏中的煮茶场景。

内府供应篇

　　清宫物品的来源较为多元化。具体而言，主要有户部解运、皇庄租赋、内府造办、各方入贡、内府购办等。

　　户部解运的主要是粮米。清代，江浙地方解到京中之米统归户部。清宫所需米粮甚多，由户部拨给，供各处支领。当然，清宫米粮还有其他来源。康熙时期，曾经试种御稻，并一度为宫中帝后食用。

　　皇庄交纳内务府的以实物为主，有米粮、棉花、靛等物，且数量较大。据统计，广储司每年所收棉花多达12000斤，靛1950斤，盐21000斤；会计司每年征粮37000石；奉宸院每年征粮2400石。

　　内府造办是宫中御用物品最主要的来源。康熙时期，宫中设置造办处，不断制造新的器物，以满足皇帝的需要。这种风气到乾隆时达到极盛。造办处虽隶属内务府，但实际由皇帝直接指挥。为了保证宫中成造物品的质量，工匠会从全国进行选拔。

　　景德镇御窑厂、江南三织造等也是内府重要的御用品生产机构。这些外设的内府机构除主要承办固定的御用物品——瓷器、缎匹外，还积极研制新的品种以取悦皇帝。由于它们皆处于制造工艺极其发达的江南地区，宫中亦常常将一些器物发交它们，令其在当地雇觅匠人加工制作。

　　内府造办物品之中，有一类物品较为特殊，它们特殊并非是因为其作品本身，而是因为其作者身份特殊——清代的帝后。满族统治者入主中原后，深受中原文化的熏陶，具有较高的文化素养，闲暇之际，怡情书墨，有大量作品传世。

贡品的情况较为复杂，统而言之，有土贡和文玩贡。与历代王朝一样，清代的贡品也要遵循"任土作贡"的原则，即贡品主要是土特产。土贡以日常的消费品为主，它们是皇室消费的一个重要来源。清代土贡历经顺治、康熙和雍正朝的发展，至乾隆时期达至顶峰。嘉庆以降，开始不断缩减土贡的数量与种类，总体规模不断减小。

清代皇帝也有较高的精神文化需求。他们不仅喜好古代书法、绘画，也非常喜爱古董珍玩。这刺激了王公大臣的进献欲望。至乾隆时期，地方官员进献大量古董文玩。乾隆三十六年（1771）粤海关监督李侍尧入贡，被乾隆"驳回"的玉器、宋元古瓷、龙袍、紫檀宝座、珐琅等74项，多达数百件。

内府购办的主要是清宫日常生活用品。清中前期，宫中购办的主要是各种食材。其中，内务府一年仅购糖即需银一万四五千两，购蜡需银一万三四千两，购办香油、灯油需银三万三四千两。至清晚期，由于宫中物品不敷应用，向社会购买物品更多。

清中前期，除内务府直接购办物品外，粤海关监督为宫中购办物品甚多。其原因较为简单。虽然清政府实行海禁政策，但清代皇帝对西洋物品十分喜爱。作为中外交流窗口，大量西洋物品涌入粤海关，由此粤海关监督承担起代皇帝采购西洋物品的重任。此外，内务府还有为其服务的商人，他们亦承担起为内务府采购的重任。

《钦定户部漕运全书》封皮及内页

年代　清

收藏单位　故宫博物院

　　漕运是宫廷粮食的重要来源之一，亦是清代的一项重要的经济制度，它将征收的田赋中的部分通过水路运抵京师或其他指定地点。其解运粮食的目的是供应宫廷消费、百官俸禄、军饷及民用。漕运关系重大，自雍正十二年（1734）始，清政府纂修《钦定户部漕运全书》。此后，每十年纂修一次。《钦定户部漕运全书》全面记载了漕运制度，涉及漕粮额征、通漕运艘、督运职掌、漕运河道、京通粮储等内容，涵盖了漕运事务的各个方面。

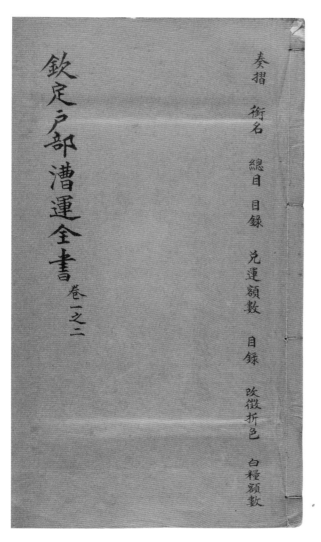

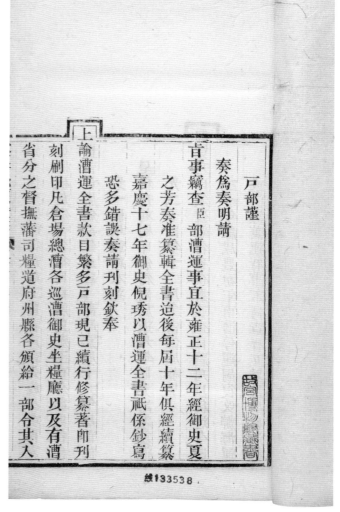

麟庆像

年代　清
作者　佚名
收藏单位　故宫博物院

麟庆（？—1843），满洲镶黄旗人。嘉庆十四年（1809）进士，授内阁中书。道光时期，出任江南河道总督。著有《黄运河口古今图说》、《河工器具图说》等。

《光绪大婚图》中的恩丰仓

年代　清光绪
作者　（清）庆宽
收藏单位　故宫博物院

　　恩丰仓为清代内务府下属仓廒之一，是负责储存、发放太监米粮的机构，隶属掌关防处，位于东华门外北围房。其设立于乾隆二十八年（1763），由内管领、笔帖式等管理。共有仓房74间，大廒7座，每座储米3000石，小廒5座，每座储米1800石。

官三仓

官三仓为清代内务府下属仓廒之一，负责供应宫廷米、麦、盐、蜜、糖、醋、面、油、豆、谷、芝麻、高粱等杂粮，以及扁担、筐等物品的机构。官三仓位于紫禁城西华门外北围房，设立于雍正元年（1723）。乾隆十八年（1753）定制，设值年内管领3人，副内管领3人，仓长9人，副仓长18人，仓上人136人，承应差务。

中海流水音

清代皇帝非常重视农桑事宜，康熙皇帝就曾经亲自培育御稻。康熙曾在中海丰泽园开辟了一片水田，最初种植的是玉田水稻，后种植其培育出的新品种。这种新品种不仅稻米颗粒细长、颜色微红，而且香甜可口。康熙帝将之命名为"御稻"。此后，康熙朝宫中帝后便主要食用这种稻米。

《御制耕织图》序

年代　清

作者　（清）玄烨

收藏单位　故宫博物院

清代帝王重视农桑，强调古训"生民之本、以衣食为天"，要求臣工督导人民耕织。康熙时，玄烨命宫廷画师焦秉贞绘制《耕织图》。此为康熙皇帝御笔书写的《耕织图序》。

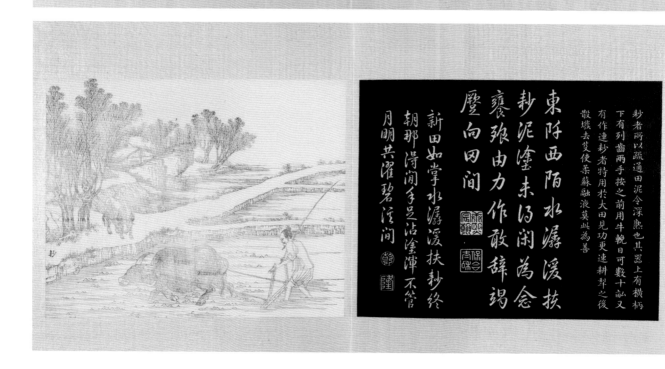

234

《胤禛耕织图》之布秧、淤荫

年代　清雍正

收藏单位　故宫博物院

　　康熙皇帝倡导农桑的精神得到王公大臣的响应。身为皇子的胤禛，当时受封雍亲王，亦绘有亲躬农桑的耕织图。此图分"耕"与"织"两部分，每部分有图 26 幅，共 52 幅。

粉彩耕织图瓷片

年代　清乾隆

收藏单位　故宫博物院

　　康熙以后、雍正、乾隆、嘉庆等帝皆有不同
种类的耕织图问世。此为乾隆时期的耕织图瓷片。

236

五彩耕织图棒槌瓶

年代　清康熙

收藏单位　故宫博物院

　　作为皇帝倡导农桑生产的系列图画、除画、
摩、刻在木石上外，还被广泛地运用在瓷器、屏
风、织锦、扇面、文玩之上，成为具有实用、欣
赏和收藏价值的艺术精品。此为康熙时期的五彩
耕织图瓶。

157

二

宫中造办

（一）造办处

养心殿全景

养心殿造办处设立之初，地点在养心殿四周的平房内，后因规模扩大，于康熙三十年（1691）将大部分作坊迁移至慈宁宫茶饭房，后又增加白虎殿后房百楹为造办处的工作房。虽然造办处的地点发生了变化，但清宫仍旧称为养心殿造办处。

造办处地盘图

年代　清
收藏单位　故宫博物院

养心殿造办处下设查核房、督催所、汇稿处、钱粮库、活计库、圆明园活计库、舆图房等机构。最为主要的还是为皇帝制作御用器具的各种作坊，主要有如意馆、金玉作、铸炉处、造钟处、炮枪处、绣活处、鞍甲作、弓作、珐琅作、玻璃厂、铜鍍作、匣裱作、油木作、镫裁作、盔头作等，有各种匠役约 200 人。

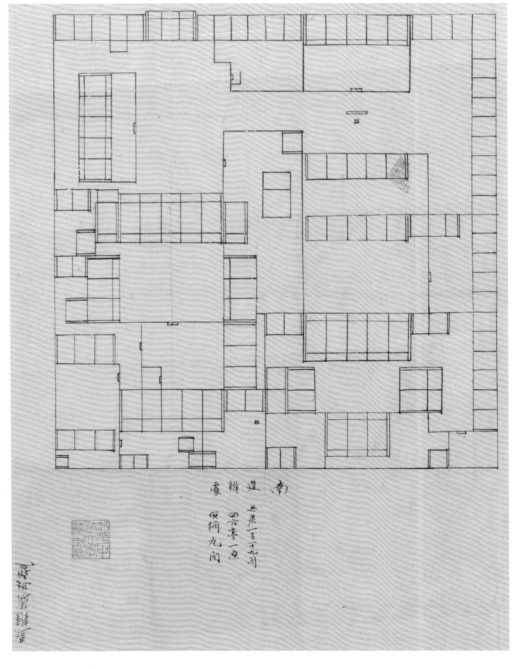

(239)

铜 "养心殿造办处图记"

年代　清

收藏单位　故宫博物院

养心殿造办处制作事繁，耗费甚巨，且其所制诸物，皆秉承皇帝谕旨，关系甚重。清代帝王非常重视对其的管理。此图记即为其管理凭证之一。

(240)

允祥像

年代　清

作者　（清）蒋和、（清）冯昭

收藏单位　故宫博物院

养心殿造办处设管理大臣 2 人，总管郎中 2 人，员外郎 2 人，主事 1 人，委署主事 1 人，库掌 10 人，委署库掌 14 人，笔帖式 15 人。此外还有首领太监 2 人，太监 21 名，负责带领造办处匠役进宫修造事宜。其中，造办处的管理大臣通常由宗室王公充任。雍正时期，怡亲王允祥曾长期总理造办处。

允祥（1686—1730），康熙第二十二子，后序为第十三子。雍正继位后，命总理事务，封怡亲王。

241

武英殿匾

养心殿造办处设立之初，同时还存有其他制办宫内器物的作坊。武英殿造办处即为其一。不过，随着养心殿造办处业务的开展，武英殿造办处逐步被纳入到养心殿造办处之中。康熙四十四年（1705），武英殿造办处砚作改归养心殿。康熙五十七年（1718），其珐琅作亦改归养心殿。

242

如意馆外景

如意馆为造办处的下属作坊之一，设立于1692年，内有玉匠、牙匠、画匠等，主要负责绘画及制造象牙器物、玉器等。康熙、雍正、乾隆时期，如意馆隶属于皇帝管理，清末隶属于内务府造办处。如意馆由催长、副催长、委署司匠、库守、拜唐阿、领催及苏拉等承应差务。

（二）工匠

《自在骄》轴

年代　清乾隆
作者　［意］郎世宁
收藏单位　故宫博物院

　　传教士是清代宫廷画师的重要组成部分。郎世宁（1688—1766），意大利人、清宫画家。原名 Giuseppe Castiglione，康熙五十四年（1715），他以传教士的身份来到中国，取汉名郎世宁。后入宫充任画师，历康熙、雍正、乾隆三朝。他擅长绘制肖像、花鸟、走兽，尤其擅长反映重大战役的军事画，备受清帝赞赏。这是其所绘的骏马之一。

王翚像

年代　清
作者　（清）沈塘
收藏单位　故宫博物院

　　王翚（1632—1717），字石谷，号耕烟、乌目山人等，江苏常熟人。清代宫廷画家。康熙时被征召入宫，曾主持绘制康熙《南巡图》。图成之后，康熙赐书"山水清晖"，以示褒奖。逝后，有"画圣"之称，是清初"四王"之一。

245

《玄烨南巡图》轴（第九卷局部）

年代　清康熙
作者　（清）王翚等
收藏单位　故宫博物院

　　王翚等人所绘《玄烨南巡图》，历时3年，方告工竣。事毕，王翚荣归故里。该图反映的是康熙二十八年（1689）南巡情形。

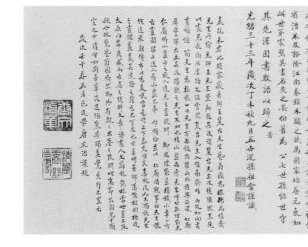

王原祁像

年代　清康熙
作者　（清）禹之鼎
收藏单位　故宫博物院

　　此图所绘是王原祁庭园赏菊的情景。

　　王原祁（1642—1715），字茂京，号麓台，江苏太仓人。康熙朝进士。官至户部侍郎，以画供奉内廷。康熙非常喜欢其画作，常令其御前作画，并命其鉴定内府所藏名画。康熙六旬万寿庆典之后，主持绘制《万寿盛典图》。王原祁亦为清初"四王"之一。

余久不作青綠畫偶有王
峰舊識在都甚久而葵之
甚誠此年屢鋪門眼余
永不遇其迫促乜乜將南歸
篤峰以遠史葵惜年浮佳
猶不辍居松雪老人圖生
面年
康熙兩戌仲冬下旬
麓臺作并題
王原祁

《青绿山水图》轴

年代　清康熙
作者　（清）王原祁
收藏单位　故宫博物院

　　此画作于康熙四十五年（1706），描绘的是京中一处山峰景观。

《仙芝祝寿图》轴

年代　清
作者　（清）沈振麟
收藏单位　故宫博物院

　　沈振麟（生卒年不详），字凤池，江苏苏州人。晚清著名宫廷画师。擅画山水、人物等。沈振麟是宫廷画师沈家一系。自乾隆始，沈家即有画师供职内廷，且为皇帝所赞赏。其后，沈家通过相互介绍、举荐，入职内廷者益多。沈振麟曾任如意馆首领，举荐了一批沈家画师，如沈世杰、沈世儒等，入宫供职。

《双凤牡丹》贴落

年代　清光绪
作者　（清）屈兆麟、（清）伍葆恒等
收藏单位　故宫博物院

　　屈兆麟（1866—1937），字仁甫，北京人。清宫画家。其年少时，师从清宫画家张恺学习绘画。光绪十年（1884），经张恺举荐入宫，在如意馆承差作画。屈兆麟擅长工笔花鸟，后升至如意馆司匠长，直至溥仪出宫，方结束其宫廷画师生涯。

骨股漆边蝠桃图折扇

年代　清光绪
作者　（清）缪嘉惠
收藏单位　故宫博物院

　　晚清时期，宫中还有一些女画师。缪嘉惠即其一。缪嘉惠（1831—1918），字素筠，昆明人。清宫女画师。光绪时，经地方保送入宫作画。其画作取象求真，着色艳丽，但又不失秀雅，深为慈禧所喜爱。

天竹图折扇

年代　清光绪
作者　（清）管念慈
收藏单位　故宫博物院

　　除举荐外，宫廷如意馆还通过考试招募画师。管念慈即其代表之一。管念慈（？—1909），江苏苏州人。擅绘山水、人物、花鸟等。光绪时，入京赴如意馆应试，勇夺第一，入宫供职。后取代张恺，任如意馆首领。

泥塑胤禛像

年代 清

收藏单位 故宫博物院

除如意馆的画师有招募入宫者外，造办处其他作坊的工匠亦有很多由此途径入宫。宫中藏有一件雍正皇帝的彩塑像，此像由养心殿造办处从苏州招募的捏像人捏制而成。在清代，此尊彩塑雍正像长期藏在清代敬奉祖先图像的景山寿皇殿。

253

象牙雕小船

年代 乾隆三年（1738）

收藏单位 故宫博物院

乾隆二年（1737），经粤海关监督郑伍赛举荐，黄振效进入如意馆。不久，他即将广东精细的象牙雕刻风格，融入苏州地区匠役擅长的核舟雕刻工艺之中，雕制了这件小船。右船舷下侧毫芒细绘阴刻楷书款："乾隆戊午花月小臣黄振效恭制。"乾隆戊午花月即乾隆三年（1738）二月。

黄振效（生卒年不详），其作品深得乾隆皇帝喜欢。后因病返回原籍，在宫廷应差六年有余。

254

竹雕人物图笔筒

年代　康熙六十一年（1722）
作者　（清）封锡禄
收藏单位　故宫博物院

　　封锡禄（生卒年不详），字义侯，嘉定人。清代竹刻家，尤其擅长竹根人物圆雕，与封锡爵、封锡璋三人，称"嘉定竹刻鼎足"。康熙四十二年（1703），与其弟锡璋应诏入京，入养心殿造办处。

255

竹雕竹林七贤图香筒

年代　清
作者　（清）施天章
收藏单位　故宫博物院

　　施天章（1702—1774），嘉定人、封锡禄弟子。尤其擅长雕刻竹根人物。雍正年间入清宫造办处供奉。

（三）制 器

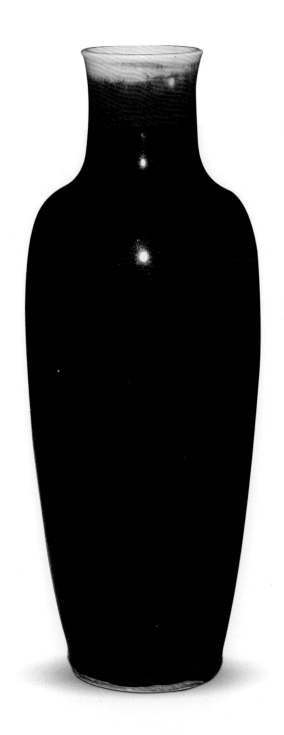

256

郎廷极像

年代　清
作者　（清）吕学
收藏单位　青岛市博物馆

　　郎廷极（1663—1715），自紫蘅，号北轩，清代著名的督陶官。康熙四十三年（1704）至康熙五十年（1711），他出任江西巡抚，并督办景德镇陶务。这期间景德镇御窑厂出产的瓷器，史称"郎窑"。郎廷极著述颇丰，有《胜饮编》、《北轩集》等。

257

郎窑红釉瓶

年代　清康熙
收藏单位　故宫博物院

　　朗廷极督办的郎窑红瓷器为清代红釉瓷器中的名贵品种，因其釉色浓艳，如初凝之牛血，又称"牛血红"。

258

石雕唐英像

唐英（1682—1756），字俊公，号蜗寄老人、汉军正白旗人。清代著名的督陶官。他于16岁即供奉养心殿、42岁出任内务府员外郎、47岁奉命至景德镇御窑厂佐理陶务，充驻厂协理官。此后，长期督办陶务，极大地推动了御窑厂制瓷工艺的发展。从乾隆初年至乾隆二十一年（1756）的御窑厂，习惯上称为"唐窑"。

259

《陶人心语》

年代　清
作者　唐英
收藏单位　故宫博物院

督办窑务期间，唐英深入窑厂，拜工匠为师、刻苦钻研，总结陶务工作经验，进而成为精通制瓷工艺的专家。他总结制瓷工艺，著述成文，即《陶冶图编次》。此书将许多前人未载，或记述不详的工艺细节一一著述在案，是世界上第一部完整的、系统的陶瓷工艺学专著。此外，唐英还著有《陶人新语》、《陶成纪事碑》等。

唐英仿官釉水丞

年代　清乾隆
收藏单位　故宫博物院

　　此为乾隆时期唐英督造的仿官窑水丞。水丞
上题写宋人叶采的《暮春即事》诗：“双双瓦雀行
书案，点点杨花入砚池。闲坐小窗读《周易》，不
知春去几多时。”

粉彩鱼草纹转心瓶

年代　清乾隆
收藏单位　故宫博物院

　　此为乾隆十九年（1754）督陶官唐英 72 岁时
为皇帝烧造的一件艺术品。一年后唐英以年老体
衰为由奏请退职，并获允准。

262

珐琅彩花卉纹碗

年代　清康熙
收藏单位　故宫博物院

　　珐琅彩瓷器产生于康熙时期。康熙皇帝非常喜欢传教士进献的画珐琅器物，并决定烧制珐琅彩瓷器。至康熙末年，清宫珐琅彩瓷器的烧制技术日趋成熟。此为清宫所制的珐琅彩花卉碗，外底署楷体"康熙御制"四字方款。

263

黄地珐琅彩诗文梅花纹碗

年代　清雍正
收藏单位　故宫博物院

　　雍正皇帝亦非常喜爱珐琅彩瓷器。在怡亲王的主持下，分别于清宫造办处、圆明园造办处及怡亲王府三处设窑烧制。雍正不但加强巡视和督察，而且经常亲自参与珐琅彩画稿的设计与修改。此碗乃雍正时期烧制，碗外部一侧题五言诗："只言花是雪，不悟有香来。"诗句上首署篆印"先春"一方，下首有"寿古"、"香清"二印。底足内蓝料彩楷书"雍正年制"四字款。

264

珐琅彩山石花卉纹瓶

年代　清乾隆
收藏单位　故宫博物院

　　乾隆时期，宫中继续烧制珐琅彩瓷器，不仅在数量上超过了康熙与雍正两朝，且其形制更加丰富，有各式瓷瓶、茶壶、酒盅、方盒、盖碗等。其纹饰亦趋于多样化，除承袭前朝的山水花卉外，还增加了婴戏图、西洋人物等图案。此瓶为乾隆时期烧制而成，瓶壁上题"长日香风细细吹"，下落"金成"、"旭映"两方红印。外底书蓝料彩"乾隆年制"四字楷书款。

265

仿朝天耳雷纹四足长方鼎

年代　清乾隆
收藏单位　故宫博物院

　　乾隆时期，宫中兴起仿古潮，由此清宫制作了大批仿古器物。其中铜器仿古是其重要的类别。此鼎是清宫造办处仿照西周早期的青铜方鼎制作的，外底中央刻有"大清乾隆年制"六字楷书款。此鼎内还有烟熏的痕迹，表明该鼎已被当作香炉使用。

266

掐丝珐琅饕餮纹出戟斝

年代　清

收藏单位　故宫博物院

　　乾隆朝珐琅器的制造非常兴盛。清宫造办处制作了大到朝堂礼器、宫廷陈设，小到文房用品、生活用具的珐琅器。乾隆皇帝崇尚师古，下令制作了许多仿古珐琅作品，这些作品多源自商周青铜器，斝为古代盛酒的器具。

267

黄玉双耳盖尊

年代　清乾隆

收藏单位　故宫博物院

　　乾隆时期，仿古玉器的制作从数量到质量上都达到了一个高峰。其仿古玉器主要是宫中造办处制作，器型种类较多，风格也更为多样。乾隆时期的仿古玉器有的以青铜器或古玉为蓝本进行仿古，有的根据新意改作古玉，还有的仅是仿其神韵，对其器型和纹饰多有增损。其中，尤以完全仿古比例最高，主要器型包括玉鼎、玉尊、玉簋、玉璧等。此器以黄玉制作而成，在清宫的仿古玉器中并不多见。

268

人物飞禽走兽图双耳盖豆

年代　清乾隆

收藏单位　故宫博物院

　　乾隆朝仿古玉器可分为带有乾隆款的仿古玉器及不带乾隆款的仿古玉器。带款识的可分为"仿古"款与"年制"款两种。此豆以战国时期的青铜有盖豆为本，足内刻有"大清乾隆仿古"隶书款。其盖内阴刻乾隆帝御题诗一首："和阗绿玉中为豆，命工追琢成百兽。四足双翼无不有，奇形诡状难穷究。较之夏褐胜其质，等以商玉如其旧。式取西清周代图，想侧笾左俎之右。意存复古去华器，鄙哉时样今犹富。"末署"乾隆丁未御题"并"古稀天子"、"犹日孜孜"二方印。

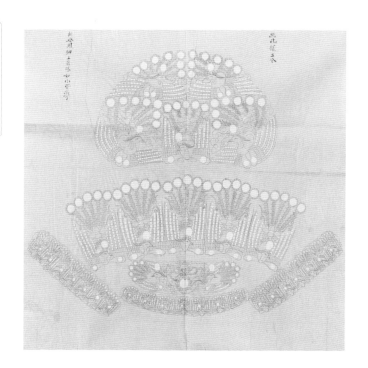

269

凤钿图样

年代　清

收藏单位　故宫博物院

　　清代后妃服用饰物，有着严格的规制。在制作时，经常由内务府事前画样，报呈御览。经皇帝批准后，再交由相关机构予以制作。

270

点翠嵌珠石凤钿子

年代　清

收藏单位　故宫博物院

　　此钿子规制即与图中所绘基本一致，且其顶部与周边装饰双喜字，应是皇帝大婚时后妃服用之物。

271

朝褂图样

年代　清

收藏单位　故宫博物院

　　清宫服饰的制作多分为三个步骤。其一，由礼部拟定式样、质地、颜色等，奏请皇帝批准。其二，宫中画师依照礼部要求绘制画样。其三，三织造根据宫中绘制的图样，进行织造。然后再由地方进献宫中，以备应用。

朝褂後式

181

272

石青色缎绣缉米珠彩云金龙纹金板
嵌宝石绵朝褂

年代 清乾隆
收藏单位 故宫博物院

此朝褂即按照图样所制而成。其服装色彩、
纹样形状、金板位置及数量、金板所嵌珠宝等与
孝贤纯皇后像中的孝贤皇后所着朝褂完全一致。

273

冬朝袍图样

年代　清

收藏单位　故宫博物院

　　清宫服饰的制作有的是由地方根据宫中图样制成半成品，再由宫中匠役对解入宫中的半成品进行再加工。最终，双方共同制作出符合清宫礼制需要的各种服饰。此图为宫中所绘冬朝袍式样，图样中明确要求服饰中的貂皮到京后缝制。

274

明黄色缂丝彩云金龙纹天马貂皮男朝袍

年代　清

收藏单位　故宫博物院

　　此朝袍形制基本与上述图样相一致，其边缘所装饰貂皮应为宫中缝制。

275

慈禧衣服图样

年代 清光绪

收藏单位 故宫博物院

　　清末，慈禧太后位尊势大，在礼制方面有诸多僭越。此外，她还要求地方按其要求为自己置办衣服。这是清宫所藏专为慈禧所办衣服图样。

276

成套活计纸样

年代 清

收藏单位 故宫博物院

　　清宫服饰上有许多装饰物品，这些物品有的是后妃制作，有的是造办处制作，还有的则是由旗人妇女制作。部分此类物品制作要求较高，故通常由如意馆绘制花样，再交由内务府造办处督办。此图样即由如意馆绘制。

277

黄色缎平金绣海水金龙纹活计

年代　清

收藏单位　故宫博物院

　　此为皇帝御用的织绣佩饰，包括褡裢、表套、扳指套、眼镜套、扇套及荷包一对，共七件，是由造办处根据如意馆图样制作而成。

278

红色缎平金锁绣龙凤呈祥纹活计

年代　清

收藏单位　故宫博物院

　　这是为皇帝大婚制作的成套活计。在皇帝大婚时，皇后的妆奁之中即有此类活计，以表示皇后母仪天下的风范。

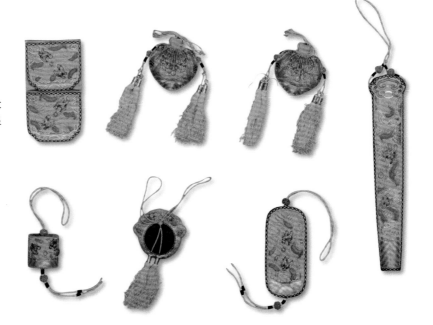

279

玉嵌花柄金桃皮鞘宿铤腰刀

年代 清乾隆

收藏单位 故宫博物院

　　据《清宫造办处档案》记载，自乾隆十三年（1748）至乾隆六十年（1795），历时 47 年，清宫造办处共造御用刀、剑各 30 把。此种刀剑，主要是乾隆皇帝为教育子孙居安思危，不忘祖制。此刀一面为隶书"天字二十八号"及刀名"宿铤"；另一面为隶书"乾隆年制"及与本刀刀名含意相吻合的图案。

280

铁錾龙纹柄黑漆金银纹鞘太阿腰刀

年代 清乾隆

收藏单位 故宫博物院

　　此刀为地字号腰刀。一面为隶书"地字一号"及刀名"太阿"；另一面为隶书"乾隆年制"及与本刀刀名含意相吻合的图案。

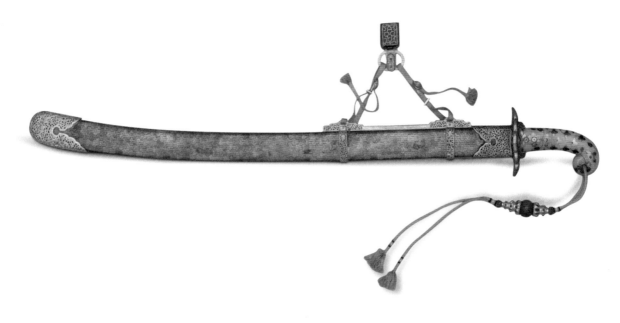

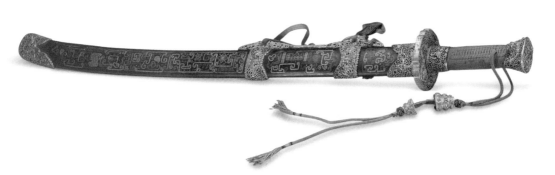

281

铁柄鲨鱼皮鞘鲤腹腰刀

年代　清乾隆
收藏单位　故宫博物院

　　此刀为人字号腰刀。一面为隶书"人字五号"及刀名"鲤腹"；另一面为隶书"乾隆年制"及与本刀刀名含意相吻合的图案。

282

铁柄鲨鱼皮鞘决云剑

年代　清乾隆
收藏单位　故宫博物院

　　除腰刀外，乾隆皇帝还同时谕令造办处制造天、地、人三号宝剑各 30 把。此剑一面隶书为"人字六号"及剑名"决云"；另一面为隶书"乾隆年制"款及与本剑剑名含意相吻合的图案。

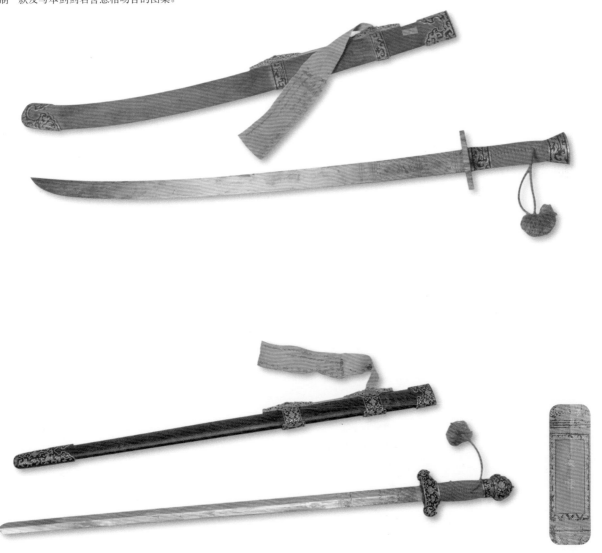

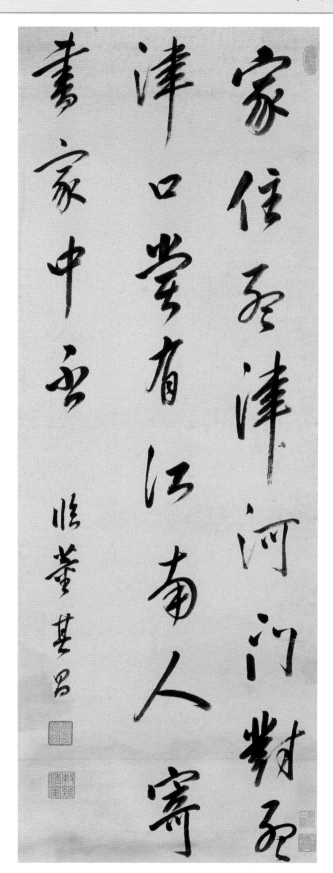

283

康熙御笔诗轴

年代　清康熙
作者　（清）玄烨
收藏单位　故宫博物院

　　清代皇帝不仅令匠人制作御用器物、绘制书画，其本人亦多有创作。康熙皇帝非常喜欢董其昌的书法，认为其"书法天姿迥异，其高秀圆润之致，流行于楮墨间，非诸家所能及也。每于若不经意处，丰神独绝。如微云卷舒，清风飘拂，尤得天然之趣"，并时常把玩、临摹其作品。此为玄烨临董书王维诗轴。

284

雍正御笔书法

年代　雍正四年（1726）
作者　（清）胤禛
收藏单位　故宫博物院

　　康熙二十一年（1682）正月，玄烨赐宴群臣，君臣共用柏梁体赋诗。后作《升平嘉宴诗序》，刊石于翰林院。雍正四年（1726），胤禛效法康熙，与群臣用柏梁体赋诗，以寄托其情怀。此为柏梁体诗序卷。

朕繼大統惟朝乾夕
惕兢兢仰法
皇考期賢指盈廷庶康物
聖治嘗思古之明良賡歌
阜永承至隆之
喜起君臣一德同心曠
代為之欣慕今在廷
臣工協衷以資贊理
形瞻濟濟皆我
皇考數十年教育栽培之
而治也是以庶政具舉
黎民樂業朕實嘉賴
焉康熙二十二年春
聖祖於乾清宮開昇平之
讌振賡揚之歌盛矣
一義冠千古今兩年
九月節屆重陽覽百
穀之斯登忻三農之
有稔光風溢目海宇
澄清爰集王公卿尹用

澄清爰集王公卿尹用
陳以蕆笑言勿禁威
儀不拘相忱於一堂㳂
限夫三壽然禮著享
讌之義詩有嘉賓之
詠古即臣於飲食燕
會間即其獻納拜颺
之典也唐虞文武之
去佳風如昨朕與諸卿
室則做之今用柏梁
體朕為偶始諸卿
成篇什今日也非徒命
酒徵歌揚華摛藻蓋
歌昭
聖祖養育之深恩朕延春
交之雅會垂之奕世
永傳於事云尔

雍正年九月御筆

285

乾隆御笔行书福字斗方

年代　清乾隆
作者　（清）弘历
收藏单位　故宫博物院

　　每逢年节，清宫要张贴对联、福字等。此时，皇帝会亲笔书写福字。其中的一些被制作成斗方形式，张挂于宫中，还有一些被皇帝赏赐给王公大臣。

286

乾隆御笔《心经》并绘《大士像》轴

年代　乾隆九年（1744）
作者　（清）弘历
收藏单位　故宫博物院

　　康熙喜欢董其昌的书法，而乾隆则喜爱赵孟頫。清宫收藏的大量的前朝法书中，即有赵孟頫所书梵文经。清宫中，藏传佛教甚为流行。乾隆皇帝即经常描摹佛教人物，书写佛教经文。此为乾隆皇帝仿赵孟頫字体所书的《般若波罗蜜多心经》，并绘有观音像。

287

乾隆御笔《多禄图》轴

年代　清乾隆
作者　（清）弘历
收藏单位　故宫博物院

　　乾隆皇帝侍母极孝，曾为其三次隆重举办万寿庆典。每次万寿庆典期间，乾隆皇帝都要向其母进献大量的贡品。其中，乾隆皇帝御笔经书及亲手绘制的、具有祝寿寓意的绘画亦是重要的组成部分。此画即乾隆皇帝在避暑山庄为其母亲孝圣宪皇太后七旬万寿所绘。

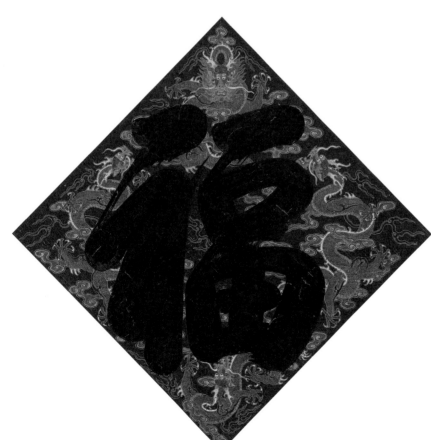

般若波羅蜜多心經

觀自在菩薩行深般若波羅蜜多時照見五蘊皆空度一切苦厄舍利子色不
異空空不異色色即是空空即是色受想行識亦復如是舍利子是諸法
空相不生不滅不垢不淨不增不減是故空中無色無受想行識無眼耳
鼻舌身意無色聲香味觸法無眼界乃至無意識界無無明亦無無明盡乃
至無老死亦無老死盡無苦集滅道無智亦無得以無所得故菩提薩埵依
般若波羅蜜多故心無罣礙無罣礙故無有恐怖遠離顛倒夢想究竟涅槃三
世諸佛依般若波羅蜜多故得阿耨多羅三藐三菩提故知般若波羅蜜多
是大神咒是大明咒是無上咒是無等等咒能除一切苦真實不虛故說般若波羅
蜜多咒即說咒曰揭諦揭諦波羅揭諦波羅僧揭諦菩提薩婆訶
般若波羅蜜多心經
趙松雪好書梵典嘗傳人間向為而藏甚多此經凡有數卷大抵規模保存集右軍禊帖乾隆九
年春日初發清曉手寫大士像因仿松雪筆意書經像于

多祿圖

於避暑山莊見麀鹿卓立而戲
輒寫其暢適之意且麀為不老
之獸裝以成軸敬獻
慈寧用介眉壽也

老終老桃花

源

中年嘉書高妙鏡

紙硯行筆流易盡

里甲覺無能虞作以

彼國弦破之復任經

張報致九若此方玉

版金第而深嬈塗

文待詔真蹟凌轢超絕

賢也益書時野詩冊尤

黄櫃藏之筆幾餘對暇

一過盖誌數言不禁郑漱

乾隆丙寅春御識

弘历临董其昌《畸墅诗》卷（局部）

年代　乾隆十一年（1746）
作者　（清）弘历
收藏单位　故宫博物院

　　中国书法源远流长，名家众多。清代皇帝极力搜求，将诸多珍品收归内府。虽然他们各自的喜好不同，但这并不妨碍他们兼取诸家之长。因此，他们会有各种法书的临摹。此为乾隆皇帝临写的董其昌书法。

乾隆御笔《宁寿宫铭》贴落

年代　乾隆四十一年（1776）
作者　（清）弘历
收藏单位　故宫博物院

　　乾隆皇帝在位多年，不仅有大量诗作传世，还有众多的文章得以流传。这些文章反映了乾隆皇帝对某种事物的态度，是其内心世界的外在反映。此贴落书写的是《宁寿宫铭》，反映了乾隆皇帝建造宁寿宫的初衷及其内涵，表达了其万国咸宁、寿同黔黎的思想。

寧壽宮銘
寧咸萬國壽先五福宮用題額文叶義淋
於恭
皇祖奉養
慈闈
孝惠愛居愛日延暉小子踐阼茲歷卅年
設復廿載八旬五臻敬思
仁皇卜駪康熙六十一載今古誠稀同以
為難敢期過益况值耄耋歸政理得適新
是宮以待
天麻企子望之願可如不授終奉
懿其禮自殊斟酌損益日俟圖殿稱皇
極重篝建前宮仍其舊為後室爲執冢敬
神我朝舊制異日遷居禮弗敢麋
清寧
坤寧
祖宗所奉朔吉脩祀寧壽斯踵雖謝萬幾
寧期九畿始予一人壽同黔黎告我子孫
毋渝敬朕是繼是繩永膺福慶
乾隆丙申新正御筆

弘历摹唐寅《事茗图》卷

年代　清乾隆
作者　（清）弘历
收藏单位　故宫博物院

　　除书法作品外，清代皇帝还创作了一些绘画作品。乾隆皇帝嗜好饮茶，他不仅写诗咏茶，还临摹前人作品以记述其事。此画即乾隆皇帝临摹唐寅《事茗图》而成，前有御笔书写的"寄情事外"题名，后有诸多名臣附和诗。乾隆皇帝非常喜欢此作品，时常展卷阅看。

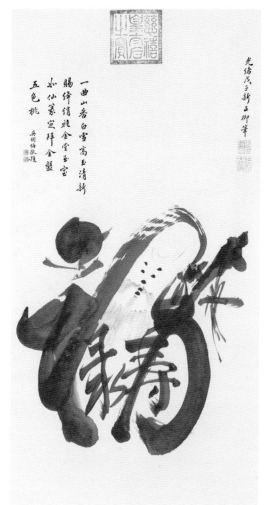

291

《鱼藻图》轴

年代　光绪三十年（1904）
作者　（清）慈禧太后
收藏单位　故宫博物院

　　慈禧太后经常以所谓"御笔"书
画赏赐群臣，以示恩宠。此画作于
光绪三十年（1904），慈禧时年69岁。
画心上方正中钤"慈禧皇太后之宝"
朱文方印，右侧为"大雅斋"长方印。

292

《福禄寿字》轴

年代　光绪十四年（1888）
作者　（清）慈禧太后
收藏单位　故宫博物院

　　清宫收藏的慈禧太后书法中，有
一些体量较大，长度多在1米以上。
此福禄寿字轴即其一。该轴构思巧妙，
将福、禄、寿三字融于福字之中，初
看是一福字，实则是福、禄、寿三字。
轴上方钤"慈禧皇太后之宝"朱文方
印，并有吴树梅题诗。该字轴作于光
绪十四年（1888）。

293

青金石柄铜"慈禧皇太后御笔之宝"印

年代　清
收藏单位　故宫博物院

　　由于慈禧太后的文化修养有限，
其所书所绘多由他人捉笔代刀，但无
论是其自书，还是他人代笔，慈禧太
后都会效法前人，在书画之上钤印。
此印是其御笔常用印之一。

294

《菊花图》轴

年代　民国九年（1920）
作者　端康皇贵太妃
收藏单位　故宫博物院

　　除慈禧外，清代后妃亦经常以书
画自娱，从而消磨时光，但能流传者
不多。此为端康皇贵太妃作品。

四
地方定制

（一）御窑厂

新修的御窑厂大门

　　御窑厂是专门管理和组织烧造御用瓷器的官方机构，位于江西景德镇。明初，明政府在景德镇设立了御窑厂。清沿明制，初由工部负责管理。后改由内务府官员驻厂督造，协理御用瓷器的烧造事宜。乾隆末年，以九江关使管理，并以饶州同知、景德镇巡检司监造督运，由此形成定制。至清末，方始改为公司制。

《景德镇陶录》之御窑厂全图

年代 清
收藏单位 故宫博物院

　　御窑厂面积很大，内设成型、彩绘、烧炉等制作部分。其内有九江总管事1名，内档房书办2名，选瓷总头目1名，副头目1名，头目7名，玉作2名，贴写1名，花样1名，圆器1名，雕削头1名，青花头1名，满窑1名，守坯房1名，挑夫1名，听差1名，买办1名，把门1名。此图选自清代景德镇人蓝浦及其弟子郑廷桂所著的《景德镇陶录》。

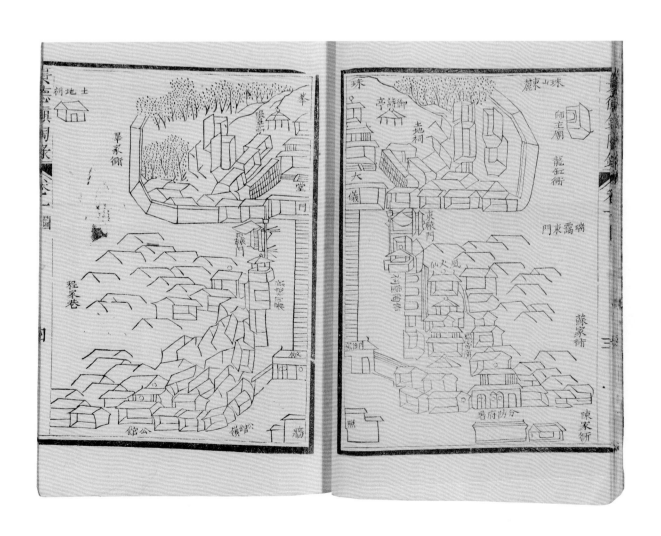

297

《制瓷图册》之采取青料

年代 清

收藏单位 故宫博物院

　　康熙、雍正、乾隆时期，中国的陶瓷工艺有了极大的发展。清人绘制的制瓷图册生动形象地展现了开山采泥、晾坯、画坯、上釉等瓷器制作流程。

298

《制瓷图册》之淘练泥土

年代 清

收藏单位 故宫博物院

　　制瓷所需瓷泥，须经淘练，使其精纯。图中工匠正将瓷泥放入水缸浸泡、翻搅，使杂质下沉。

《制瓷图册》之圆器青花

年代　清
收藏单位　故宫博物院

　　图中工匠们正在圆器上绘青花、勾线、渲染、绘旋纹边饰。花鸟虫鱼、人物、写款都各有专职。

《制瓷图册》之烧坯开窑

年代　清
收藏单位　故宫博物院

　　烧制瓷器，自入窑至开窑约需三日，至第四日清晨开窑。图中工匠正在运送刚出窑的瓷器。

301

粉彩御窑厂图大瓶

年代　清道光
收藏单位　故宫博物院

御窑厂生产的瓷器之中，也有部分以瓷器制作过程为装饰图案。此瓶为道光时期御窑厂出产的粉彩大瓶，瓶体上详细描绘了御窑厂的布局及制瓷的工艺流程。

302

粉彩御窑厂图大瓶所绘制瓷流程

年代　清道光
收藏单位　故宫博物院

图中绘制了御窑厂工匠制瓷的过程，计有开采、送料、拉坯、成型、施釉、吹釉、画坯、画彩、利坯、烧窑、出窑、装运等，印证了有关文献记载的御窑厂分工、生产的情况。

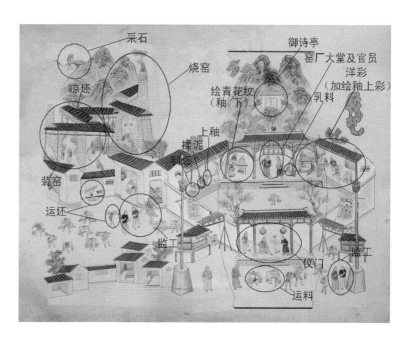

303

粉彩御窑厂图大瓶所绘吹釉场景

年代　清道光
收藏单位　故宫博物院

　　吹釉是一种陶瓷施釉技法。吹釉时，用长约
七寸的竹筒一节，一端蒙以细纱，蘸釉浆后，于
另一端用口吹釉于坯面，经反复喷吹以使坯表施
一层厚度均匀的釉。吹釉的次数，有的三四遍，
有的十七八遍。

304

粉彩御窑厂图大瓶所绘烧窑场景

年代　清道光
收藏单位　故宫博物院

　　白瓷上彩后，需要再烧制，以稳定颜色。此
时的烧制，较小的瓷器用明炉。明炉门口向外，
周围炭火置铁轮，下部托以铁叉，以钩拨轮，使
之旋转，以调节炉火，使之均匀。

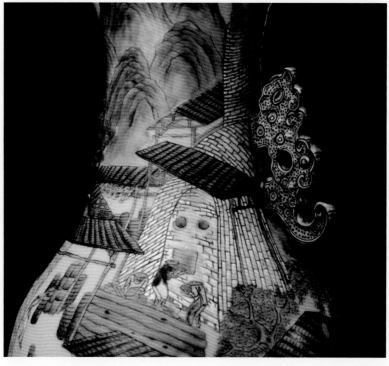

305

仿定窑白釉凸花西番莲纹四系瓶

年代 清乾隆
收藏单位 故宫博物院

　　自清康熙时期，景德镇官窑就开始仿烧宋代定窑白釉印花和刻花产品。至乾隆时期，仿定窑产品技术成熟、十分精致。乾隆仿宋定窑产品不太重视对宋代造型的仿制，而是偏重对白釉印花和刻花的仿制，且多印有六字篆书官款。

仿红雕漆盖碗

年代　清乾隆
收藏单位　故宫博物院

　　象生瓷是乾隆时期出现的一个新品种，它
以陶瓷的各种装饰技法仿制漆器、铜器、金银器、
竹器及各种瓜果等，技艺高超，几可以假乱真。

仿古铜彩双耳炉

年代　清乾隆
收藏单位　故宫博物院

　　此炉造型、釉色、纹饰皆仿铜器，底心有
"大清乾隆年制"六字篆书印章款。

瓷海螺

年代　清乾隆
收藏单位　故宫博物院

　　这是景德镇御窑厂生产的仿天然海螺象生瓷、其纹理、式样都与真品无异。这种瓷海螺是专门为宫廷生产的高级陈设和观赏品，深得乾隆皇帝的喜爱。

309

木纹釉碗

年代　清乾隆
收藏单位　故宫博物院

　　木纹釉瓷器出现于雍正时期，乾隆时期延续使用，制作更为广泛，釉面比雍正时更富于变化。乾隆以后则较为少见。雍正时期多见通体用木纹釉装饰的大件器物，乾隆时期则主要用于装饰瓷器的边、角等局部。

青花三果纹执壶

年代　清乾隆
收藏单位　故宫博物院

　　清代御窑厂烧制的瓷器，有些以前朝瓷器为样本。玉壶春式执壶即是其一。此执壶在元代至明初的南方窑场较为流行，一直受到人们的喜爱，成为传统的造型。明永乐、宣德时期的执壶最为优美，清代各朝均有仿制。此壶为乾隆朝御窑厂仿宣德青花器烧制而成，底部署青花"大清乾隆年制"三行六字篆书款。

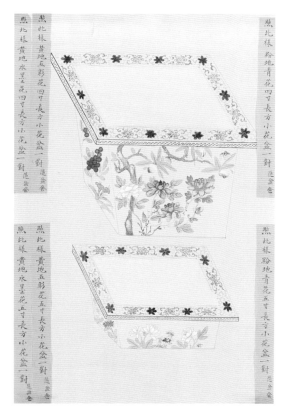

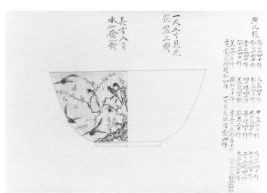

 311

黄地五彩寿桃牡丹长方小花盆并盆奁图样

年代　清

收藏单位　故宫博物院

　　清代御窑厂生产的瓷器，较为重要的一种是按照内府发交的官样烧制。这些官样不仅是御窑厂烧制瓷器的原型，亦是其验收的标准。在其烧制完成之后，这些官样还要交回内务府。故宫现在即存有瓷器官样 100 余张。此为当时烧造黄地五彩寿桃牡丹长方小花盆并盆奁官样。

312

黄地喜鹊梅花海碗图样

年代　清

收藏单位　故宫博物院

　　清代的瓷器官样对瓷器的器型、釉色、纹饰、款识等诸多方面都有规定，有时亦会规定烧制的件数，以及图样适用的瓷器类别。此样有喜鹊、梅花，为喜上眉梢之意，寓意吉祥，是同治皇帝大婚用瓷小样。此图案适用于各种碗盘及花盆等。

313

黄地粉彩梅雀图碗

年代　清同治

收藏单位　故宫博物院

　　此碗是御窑厂根据上述同治大婚官样制作的瓷器，底部有"同治年制"四字楷书款。此种图案的碗共烧制有 260 件。

黄地粉彩梅雀图盘

年代　清同治

收藏单位　故宫博物院

　　此盘亦是御窑厂根据同治大婚官样制作的瓷器。为同治帝大婚，御窑厂共烧制此种图案的盘碟 240 件。此外，还有同种图案的酒盅、羹匙等共 186 件。

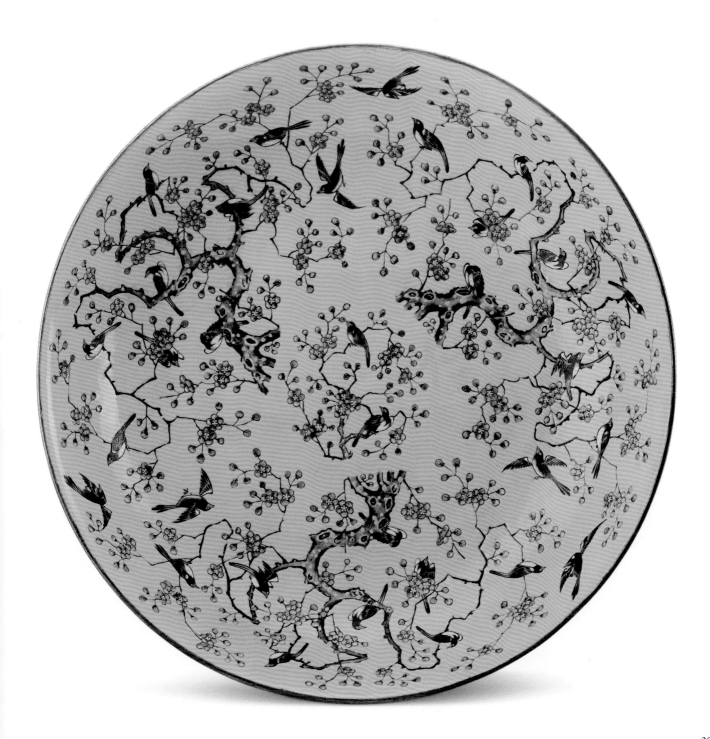

黄地五彩花卉八寸圆盒图样

年代 清
收藏单位 故宫博物院

除皇帝大婚外，清代帝后万寿期间亦谕令御窑厂烧制大量瓷器。其中，慈禧太后五旬万寿期间，曾令御窑厂烧制了一批带有体和殿款的万寿用瓷。此为体和殿款瓷器的小样之一。

316

体和殿款黄地墨彩花卉纹圆盒

年代 清同治
收藏单位 故宫博物院

此墨彩圆盒纹饰即与上述体和殿款瓷器小样一致，应是根据小样烧制而成，底部有红彩书"体和殿制"四字篆款。

317

喜鹊登梅长方花盆图样

年代　清
收藏单位　故宫博物院

在故宫现存的瓷器官样中，有一批带有"大雅斋"字样。这是专门为慈禧太后陈设和就餐使用的。这些瓷器官样有 20 余种，于同治十三年（1874）经内务府下发御窑厂，令其烧制。

318

大雅斋款绿地墨彩花鸟图长方花盆

年代　清
收藏单位　故宫博物院

御窑厂此次烧制的大雅斋瓷器，至光绪二年（1876）方最终完成，共 4900 余件。其品类较多，有碗、盘、盖盒、花盆、鱼缸等；其纹饰丰富，色彩艳丽，多用大绿、大黄、大红、藕合等色；其胎质细密，胎体厚重，是晚清瓷器中的精品。此花盆即按照上述图样烧制而成。

319

仿官釉弦纹盘口穿带瓶

年代　清雍正
收藏单位　故宫博物院

除官样与旧器参照烧制外，内务府有时还会向御窑厂下发旋制木样，以为其烧制的标准。其旋制木样是内务府木作等根据皇帝旨意用木材旋制而成的各种器物形状。相较于官样图纸，旋制木样更加直观，便于工匠烧制。这一点在清宫档案中有诸多体现。此瓶乃雍正年间烧制而成，制作之前雍正皇帝即谕令内务府制作木样，并发往江西。

（二）江南三织造

320

江宁织造图

年代　清

收藏单位　中国第一历史档案馆

　　江南三织造为清代在江宁、苏州和杭州三处设立的、专办宫廷御用和官用各类纺织品的织造局。其织造官员主要出自内务府。根据定例，三处织造每年都要向宫中交进大量缎匹。每逢清代帝后万寿、皇帝大婚等重大节庆之时，三处织造织办的缎匹数量更多。

321

绛色彩云蝠金龙纹妆花缎龙袍料

年代　清

收藏单位　故宫博物院

　　在接到宫中下发的图样后，三织造由各局按图样织造成衣服形衣料，此即为最初的袍料。由于其织造布匹等物皆为供应宫中，对其产品与花色的要求极高。宫中有着严格的验收制度，不达质量要求即将承办人员严加治罪。

蓝色牵牛花纹金宝地锦

年代　清

收藏单位　故宫博物院

　　三织造所承办的织造任务，有时有着特定的用途，如为皇帝大婚、帝后万寿所织办的丝织品。此锦机头位置有"海屋添筹"字样，表明这是为万寿特办。

（323）

绿色云鹤纹实地纱

年代　清同治

收藏单位　故宫博物院

　　此为杭州织造为同治皇帝大婚而备办的大婚用纱，这在缎匹的腰封上有明确的标识。

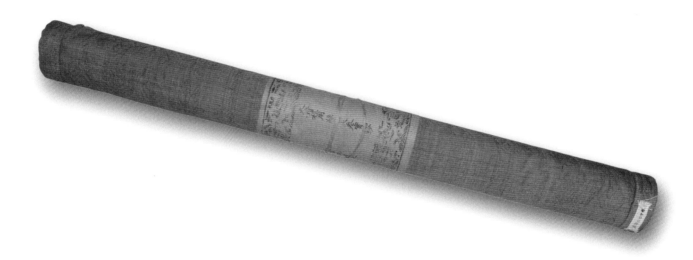

蓝色缂丝五彩金龙纹龙袍料

年代　清
收藏单位　故宫博物院

　　有的袍料解京之前已经基本成型，有的则是
送进宫中之后，由宫中的衣服作坊裁剪成衣，以
为皇室人员服用。此为江南织造进献的裁剪成型
的蓝色缂丝五彩金龙纹龙袍料。

缂金地五彩金龙纹龙袍料

年代　清

收藏单位　故宫博物院

　　此为江南织造进献的裁剪成型的缂金地五彩
金龙纹龙袍料。

326

夏朝袍前式图样

年代　清

收藏单位　故宫博物院

　　故宫博物院现在藏有清代宫廷各类服饰图样3400余件，这些图样多会下发三织造按图织造。此为清宫存的夏朝袍服饰图样。

327

黄色地银锭万字纹匣锦

年代　清

收藏单位　故宫博物院

　　苏州织造局主要生产织锦、缎、纱、绸、绢等，以宋式锦、仿宋锦和缂丝最为著名。此为苏州所进锦，机头有"苏州织造臣毓秀"字样，表明负责织造的人员姓名及所属机构。毓秀在同光年间曾出任苏州织造一职。

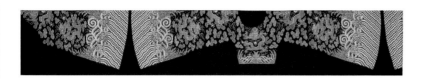

328

石青色五彩大蟒缎

年代　清

收藏单位　故宫博物院

此石青色五彩大蟒缎为苏州进献。

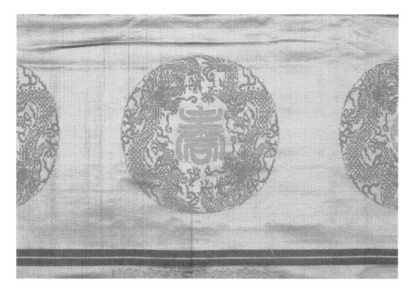

329

明黄色团龙寿字纹织金缎

年代　清光绪

收藏单位　故宫博物院

江宁织造局主要生产云锦，其花纹艳丽多彩，如空中美丽的云霞，故名"云锦"。此明黄色团龙寿字纹织金缎为江宁织造进献，机头有"江南织造臣文煦"字样。文煦于光绪十七年（1891）至光绪二十年（1894）出任江宁织造。

330

红色串枝花纹金宝地锦

年代　清

收藏单位　故宫博物院

此红色地串枝花纹金宝地锦为江宁织造进献。

331

黄色地银锭万字纹锦

年代　清同治

收藏单位　故宫博物院

杭州织造局织造绸、绫、罗等织物，尤其以素色织物和暗花织物产量最大、质量最优。此锦为杭州织造进献，其腰封上书"杭州织造臣文治"。文治曾于同治十年（1871）至同治十二年（1873）出任杭州织造，亦曾出任苏州织造。

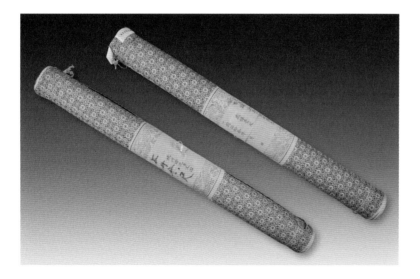

明黄色缎地绣宝蓝喇嘛字枕头心纸样

年代　清

收藏单位　故宫博物院

　　除服饰外，宫中其他丝织物品亦多交由三织造备办。主要包括被褥、坐垫、迎手，还有随葬用品等。

333

缂丝《弥勒佛净界图》轴

年代　清

收藏单位　故宫博物院

　　清宫佛堂众多，陈设有诸多唐卡。这些唐卡或为西藏进贡，或为宫中造办处和中正殿制作。尤其是缂丝唐卡，则是多由中正殿喇嘛绘制花样，再发交苏州织造织办。堆绣唐卡亦多由苏州织造成做。此轴为苏州制作。

334

《班禅源流像》轴

年代　清

收藏单位　故宫博物院

　　清宫唐卡中有一些具有祝寿含义，其多用大红云龙片金缎边、石青寿字缎或大红寿字缎来裱，以烘托主题。此班禅源流的唐卡即用此料。这些用料基本上都是在苏州织造的，有时零星使用时也在京城购买。

335

青玉莲瓣纹羊首耳盖瓶

年代　清
收藏单位　故宫博物院

　　苏州的琢玉技术非常高超，是清宫玉器的
重要来源之一，尤其是小件玉器的雕琢更是著名。
乾隆皇帝曾称赞其工艺"争出新样无穷尽"。乾隆
时期，内务府经常将画好样的精美玉料发交苏州
织造，令其按图雕刻。

青玉碗

年代　清
收藏单位　故宫博物院

　　此为苏州制作的青玉菊瓣式碗、其壁薄如纸、
介乎透明、琢磨难度极大。

白玉桃式蝠耳洗

年代　清
收藏单位　故宫博物院

　　苏州制作的玉器造型别致、轮廓清晰、抛光
细腻、通体不露碾琢痕迹。此玉洗充分体现了苏
州琢玉的高超工艺。

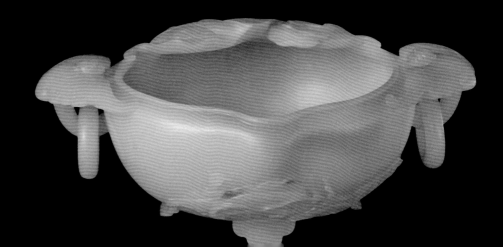

五

贡 品

（一）臣子贡

338

李煦进贡单

年代 清康熙
收藏单位 中国第一历史档案馆

　　清代王公大臣进贡的起源较早，入关之前，已经有大臣进贡的记载。入关后，这一制度得到延续。此为康熙朝李煦的进贡单。李煦（1655—1729），正白旗人，字旭东、莱篙，号竹村。康熙年间，曾出任苏州织造，前后凡30年。

339

宫中贡档（封面）

年代 乾隆五十九年（1794）
收藏单位 中国第一历史档案馆

　　在清代，元旦、万寿、冬至是清宫的三大节。节日期间，王公大臣都要向皇帝进献丰富的贡品。但为了防止官员竞相攀比，从而导致官员腐败，清朝皇帝对进贡人员有着严格的资格限制。这是乾隆五十九年（1794）三月的宫中进贡档案。

340

宫中贡档（粤海关监督进献物品）

年代　清乾隆
收藏单位　中国第一历史档案馆

　　织造、盐政、粤海关等官差多由内务府人员担任，他们是皇帝的家奴，虽然身为政府官员，但其皇帝奴仆的身份并未得以改变。每逢年节，他们都要向皇帝进献丰富的贡品。此档案即时任粤海关监督苏楞阿派遣家人向皇帝进献贡品的情况。

341

宫中贡档（广东巡抚进献物品）

年代　清乾隆
收藏单位　中国第一历史档案馆

　　文武大员，包括大学士、尚书、御史、都统以及地方督抚、将军、提督也可以向皇帝进献贡品。此档案是广东巡抚郭世勋向乾隆进献贡品的清单。
　　郭世勋（？—1794），汉军正红旗人。乾隆时曾任安徽布政使、广乐巡抚等职。

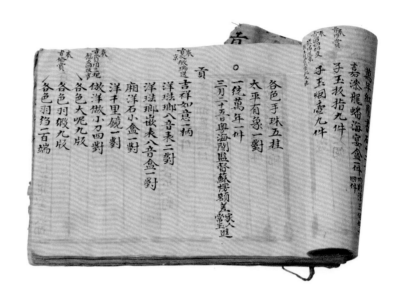

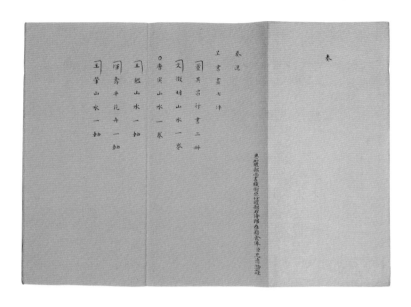

342

沈德潜贡单

年代　清乾隆
收藏单位　中国第一历史档案馆

　　退休在家养老的重臣也有资格向皇帝进贡。沈德潜（1673—1769），清官员。字确士，号归愚，长洲人。乾隆四年（1739）进士，曾任内阁学士、礼部侍郎等职。去世后，追封太子太师，赐谥文悫，入贤良祠。

343

万寿贡单

年代　清
收藏单位　中国第一历史档案馆

　　自康熙六旬万寿以后，乾隆皇帝曾经为其母亲孝圣宪皇后三次隆办万寿庆典，并为自己办理八旬庆典。此间，王公大臣、少数民族领袖及宗教领袖、衍圣公、外藩使臣等进献了丰富的贡品。此为清代皇帝万寿期间王公大臣进献贡品的贡单。

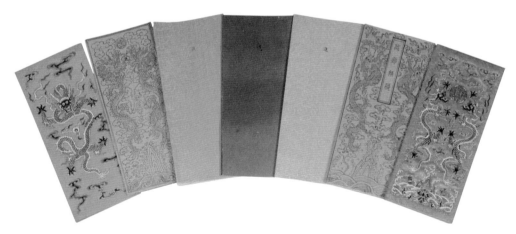

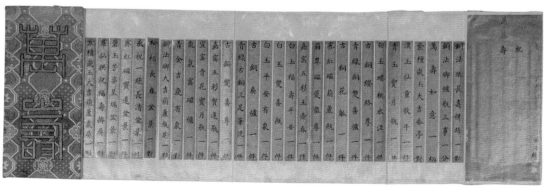

象牙雕群仙祝寿塔

年代　清光绪
收藏单位　故宫博物院

　　这是广东官员进献给慈禧太后六旬万寿的寿
礼。此象牙雕塔是由广东象牙作坊雕制、分片包
装，运往宫廷造办处后再行衔接。

345

竹管天子万年翠毫笔

年代　清康熙
收藏单位　故宫博物院

此笔以竹制管，体轻，笔管上方阴识填金楷书"天子万年"四字，下方缀注填蓝楷书"臣白潢恭进"。该笔是为恭贺康熙皇帝万寿而进献的贡品。白潢（1660—1737），汉军镶白旗人。清朝官员。曾任江西巡抚、户部侍郎、兵部尚书，雍正时，授文华殿大学士，充任《圣祖实录》总裁官。

346

江宁织造增崇进墨

年代　清光绪
收藏单位　故宫博物院

苏州织造、杭州织造、江宁织造地处江南繁华之地，他们不仅为皇帝置办丝织物品，还积极搜罗、制备精美物品进献皇帝，以供宫中应用。此为光绪年间江宁织造增崇进献的棉花图布浆诗墨。增崇（生卒年不详），光绪末年总管内务府大臣，曾于光绪二十三年（1897）、二十四年（1898）出任江宁织造。

描金花大瓶贡烟

年代　清
收藏单位　故宫博物院

　　康熙、雍正和乾隆皇帝对西洋的日常用品、天文仪器等极感兴趣。清政府实行一口通商政策后，宫廷所需外国物品则更依赖广东。两广总督、广东巡抚、粤海关监督等官员极力迎合皇帝的喜好与品位，采购西洋物品入贡清宫。图中所示为来自西洋的烟丝。

348

紫砂平台覆斗组"受命于天既寿永昌"传国玺及记事册

年代　清乾隆
收藏单位　故宫博物院

　　乾隆三年（1738），民夫在江苏宝应县界首疏通河道时，挖得一方玉玺。河道总督高斌将其进献给乾隆帝。乾隆帝由材质确定这方传国玺并非玉质，进而确认这方玉玺并非传说中的传国玺。因认为该玺"古泽可爱，其文'受命于天、既寿永昌'，其篆法又与《辍耕录》所摹蔡仲平本颇合，而视为完好旧器，藏之别殿"，作为古玩进行收藏。

应县界首地
十五日在宝
稱於二月二
到臣詢據
送玉寶一顆
知州郭浩呈
直隸延慶州
工効力原任
十一日掀河
進玉寶事三月二
奏為恭
江南河道總督臣高斌謹

（二）方物贡

349

《上收人参于术账》

年代　清光绪
收藏单位　故宫博物院

　　除大臣进贡外，各地方还要进献土贡、即方物贡，这是任土作贡的最基本形式。清军入关前，东北参山由八旗联合采挖。入关后，随着皇权的高度集中，清代皇帝逐步垄断了东北人参的采挖。大量东北人参源源不断地贡入宫廷，以为皇室人员享用。

350

铜直把纽"都虞司印"

年代　清
收藏单位　故宫博物院

　　都虞司为清内务府所属机构之一，初名尚膳监，顺治十八年（1661）改采捕衙门，康熙十六年（1677）改都虞司。都虞司掌上三旗武职官员铨选任用、官兵俸饷考核及打牲（打猎）、捕鱼等事，设郎中、员外郎、主事、委署主事、笔帖式、书吏等员，另在吉林松花江乌拉地方设有打牲乌拉处，掌管采捕、屯庄等事，有总管、翼长、委署翼长、骁骑校、委署骁骑校、委署章京、委官、笔帖式等员，下辖牲丁。

松花江石葫芦式砚

年代　清乾隆

收藏单位　故宫博物院

　　松花江石又称松花玉，因产自东北松花江流域而得名。其石质坚密、细腻、温润，纹理清晰，以绿色为多，亦有赭石色间杂黄色者。康熙年间，开采松花江石制御用砚品。雍正、乾隆等帝亦多有松花江石砚。此砚背部题写："出天汉，胜玉英，琢为研，纯粹精，敕几摛藻屡省成。"

《大清一统志》中的《吉林图》

年代　清

收藏单位　故宫博物院

　　清代，吉林不仅是清宫人参的重要来源地，还是其贵重毛皮、尤其是貂皮的重要供应地。

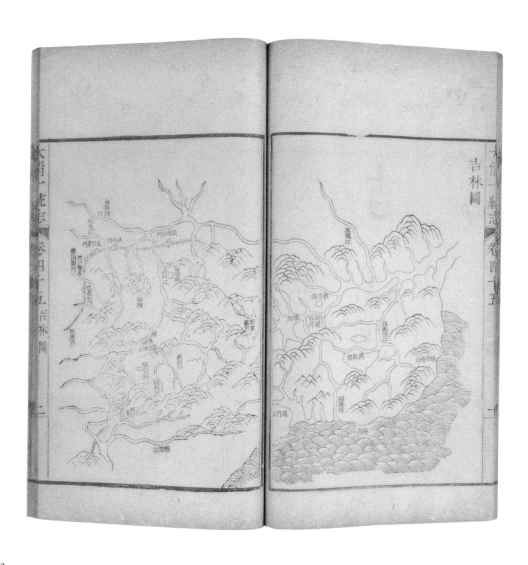

353

《长白山图》卷

年代　清
作者　（清）王时敏
收藏单位　故宫博物院

长白山是满族的发祥地，亦是清代貂皮的重要产地之一，其貂皮由宁古塔或三姓贡入皇宫。

奉常翁画早年出入董巨四十以後宗法大痴晚年益臻神化開有清一代画家法門匠蹟流傳不多此卷笔墨簡净是學痴翁有得之者攷崇巨癸酉翁年四十二其境界已如此安得不令人景仰溪止也

壬戌九月岷原敬識於讀画州堂

233

福康安进的白貂皮

年代　清乾隆

收藏单位　故宫博物院

　　人参和貂皮都是东北特产，清代统治者对其有着浓厚的感情。入关后，貂皮亦是东北地区进献宫中的重要贡品之一。除宫中使用外，大量貂皮被赏赐给王公大臣、少数民族领袖，其剩余部分则被内务府变价销售。这是时任盛京将军的福康安于乾隆四十三年（1778）十二月二十七日所进献的整张白貂皮。

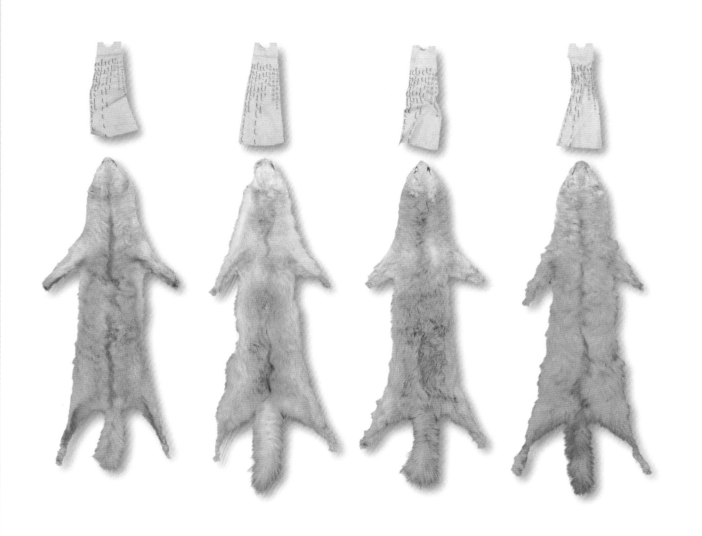

明黄色团龙纹暗花江绸貂皮镶喜字马褂

年代　清嘉庆
收藏单位　故宫博物院

　　清代统治者不仅将貂皮视为御寒之物，而且将之上升到礼的高度，并由此形成了森严的用貂制度。清代制作了大量貂皮礼服，包括清代帝后所用礼服、皇子公主婚嫁礼服、随驾侍卫与太常寺官员礼服等。此朝褂应为皇帝御用。

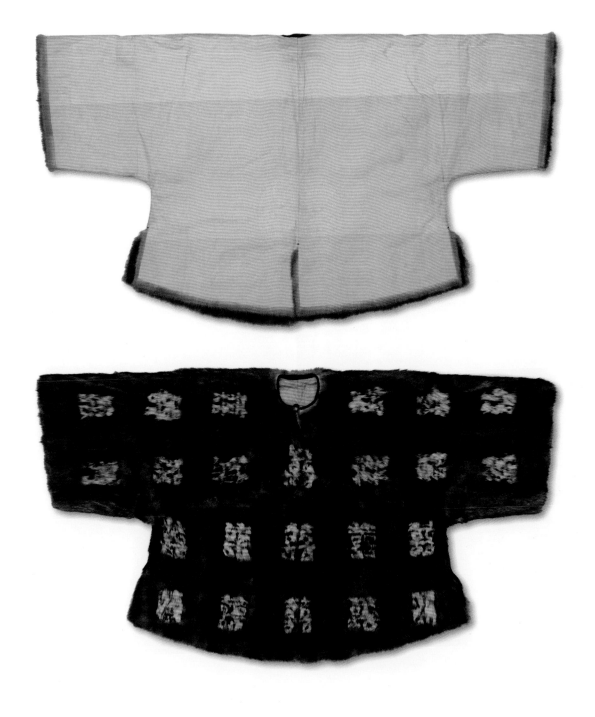

356

熏貂皮朝冠

年代　清嘉庆
收藏单位　故宫博物院

　　清宫貂皮使用的数量巨大。据档案记载，内务府每年用貂皮 900 余张至 2000 余张不等。乾隆三十四年（1769），内务府曾置办随驾侍卫的备差朝衣，一次即用貂皮 2280 张。此朝冠为嘉庆皇帝御用。

357

东珠朝珠

年代　清咸丰
收藏单位　故宫博物院

　　东珠产自满族的发祥地东北，根据其大小、圆润成色可分为五等。东珠朝珠在所有朝珠中最为珍贵，只有皇太后、皇帝、皇后才能佩戴。此朝珠为咸丰皇帝使用的朝珠，由 108 颗东珠组成，其整盘盘放于黑色漆屉内，附黄条，上书"文宗显皇帝"，上盖黄色单袱。

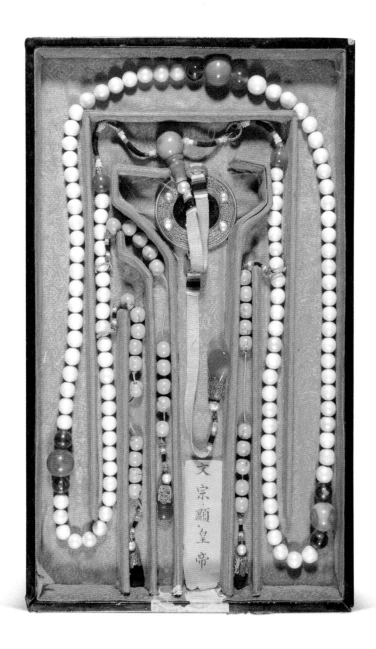

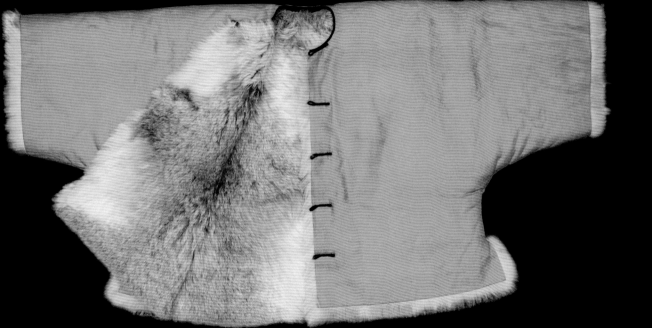

《万国来朝图》中的琉球等国入贡使臣

年代　清
作者　佚名
收藏单位　故宫博物院

　　除各省所进方物外，周边少数民族与各国也有礼物呈献。清宫有多幅反映周边藩国及西方诸国使臣在中国举国欢庆的日子里，争先恐后地朝觐清帝的绘画。此图为太和殿外琉球国等入贡的情形。

《职贡图》中的南掌人形象

年代　清
作者　佚名
收藏单位　故宫博物院

　　乾隆皇帝令宫廷画家丁观鹏将与清王朝交往的柬埔寨、老挝、菲律宾、英国、法国、俄罗斯等27国的官民形象，绘制在《皇清职贡图》中。每段画面上面，以满汉两种文字注明画中人物所属国家、历史地理状况、风物饮食及与清王朝的交往情况等。图中主要有缅甸、南掌国人物形象。南掌即今之老挝，按期向清朝入贡。

南掌國夷官
南掌古越裳氏地自周以來不通中國明永樂初部長刀線夕入貢始通貢使萬曆中猶奉金葉表貢象及方物二款遣其部長老撾遺道其約以譯花等奉金葉表貢為限青者撾貢應府本朝雍正八年定為入貢之期夷官服飾不綴青者撾貢夷婦人剃鬢髮長樓體列花性多纏樣其中紅長樓衣長樓體列花性多纏樣

蘇祿國夷人
蘇祿在東南海中明永樂間其國有東西峒三王各有峒工俱來朝貢後不復至
本朝雍正四年遣使入貢國定期五年一朝其地氣燠寒人情獷悍以取虫虫珠為業山田有產夷婦夫氏卒食泉鹽惠海馬霸鹽顏色不一家男前髮垂項留鬢收將項後髮露額去頂足趾水甚悍以帽繁軟有能織

《职贡图》中的暹罗人形象

年代　清
作者　佚名
收藏单位　故宫博物院

　　早在顺治中期，暹罗即派遣使者到清朝朝贡，开始了两国的交往。至近代，欧美各国强迫暹罗签订通商条约，暹罗沦为西方殖民国家的半殖民地，与清王朝的宗藩关系渐告结束。

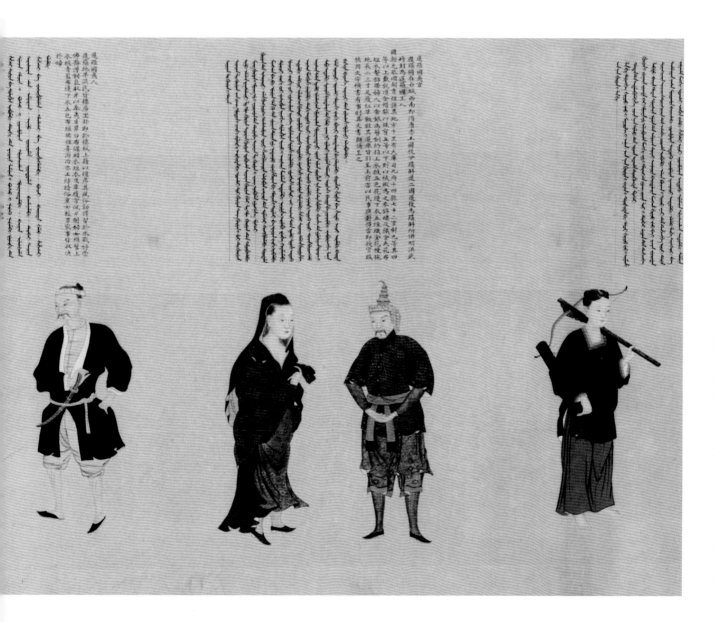

362

《职贡图》中的安南人形象

年代　清

作者　佚名

收藏单位　故宫博物院

　　安南，清朝重要属国之一，即今之越南。至嘉庆七年（1802），安南境内政权更迭，新任国王奏请更改国名。嘉庆皇帝令广西巡抚孙玉庭转知安南国王，册封该国为"越南"，并沿用至今。安南长期与清朝保持藩属关系。根据清制，安南三年朝贡一次，其所进方物主要有大象、香料等。

363

《职贡图》中的朝鲜人形象

年代　清

作者　佚名

收藏单位　故宫博物院

　　1636 年，皇太极率兵亲征朝鲜，攻占朝鲜京都汉城。由此，朝鲜停用明朝年号，断绝与明朝的一切交往，奉清朝为宗主。每年岁贡外，逢冬至、元旦、万寿节亦皆派遣使节朝贺，并进献大量布匹、纸张等物品。

累洽重熙四海春
皇清職貢萬方均書文車軌誰能外方趾圓顱莫不
親那許防風仍後至早聞干呂已咸賓塗山玉帛千
秋述商室共球百祿臻詎是索疆恢此日亦惟
謨烈賴
前人唐家右相堪依倒畫院名流命寫真西鰈東鶼
觀王會南蠻北狄秉元辰丹青非為誇聲教保泰承
麻慎捫循
乾隆二十有六年歲在辛巳秋七月御題

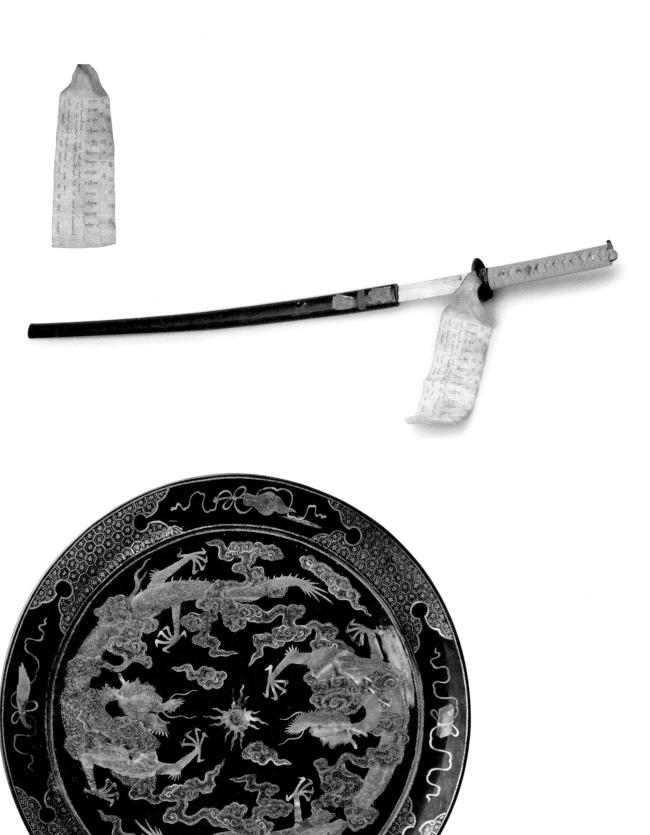

鲨鱼皮柄漆鞘腰刀

年代　清乾隆
收藏单位　故宫博物院

　　清顺治时，琉球成为清属国，定时入贡。其入贡物品主要有红铜、白锡等物，此外，还有一部分精美的、具有浓厚琉球色彩的器物源源不断地输送到清宫。此刀柄处拴羊皮条签，上以满、汉、蒙、藏四种文字墨书："乾隆二十二年琉球国恭进黑漆鞘腰刀一具。"

365

黑漆嵌螺钿云龙纹圆盘

年代　清
收藏单位　故宫博物院

　　琉球漆器制作精良，特色鲜明，颇受清代宫廷喜爱。此圆盘即琉球所进。

366

《廓尔喀进象马图》卷

年代　清乾隆
作者　（清）弘旿
收藏单位　故宫博物院

　　乾隆五十八年（1793），清军平定廓尔喀以后，该部为表示臣服，向中央王朝进献大象和马匹。此图是皇室画家弘旿所绘。此外，尚有贺清泰、潘廷章合作《贡象马图》卷亦是记载此事。
　　弘旿（1743—1811），诚亲王允祕第二子，清朝宗室画家。

廓爾喀所貢象馬至京詩
以誌事 有序

廓爾喀之役自熱索橋克
帕朗古寨入七八百里藏
戮數千人拉特納巴都爾
窮蹙額顙降鑒其恫誠進
予納款此其一兩進方物中
象馬也道遠且險今詔
至京我國家萬國共球
之象克覯儀衛哈薩克
若安南暹羅緬甸南掌
布魯特之馬散牧營伍豈
庸是戔戔者為特以邀
昊蒼之助順表將士之効
勤綏役邊餘安我藏地效
來呈覽輒用成章

367

绣线乾隆御笔《廓尔喀所贡象马至京诗以志事》

年代 清乾隆

作者 （清）弘历

收藏单位 故宫博物院

廓尔喀距京师路途遥远，且济咙一带山路险峻，不得不绕道而行。乾隆五十八年（1793）正月行至前藏，四月由青海送至京中。

368

碧玉乾隆御笔《廓尔喀所贡象马至京诗以志事》册

年代 清乾隆

作者 （清）弘历

收藏单位 故宫博物院

对于平定廓尔喀，乾隆皇帝非常自豪，不仅令画臣绘画以为记事，而且还专门制作玉册等记之，以彰显其武功。

西式自来火鸟枪

年代　清乾隆
收藏单位　故宫博物院

　　除藩属国朝贡外，还有一些西洋国家亦会有所进献。乾隆五十七年（1792），英国马嘎尔尼使团以补祝乾隆八旬万寿为名来朝，并进献了大量精美的礼品，有天体运行仪、地球运行仪等欧洲当时近代自然科学方面的礼物。此枪为其中物品之一。

六

购 办

（一）关差购置

370

英国香水瓶

年代　清

收藏单位　故宫博物院

　　清晚期，大量西方物品涌入中国。香水即为其一。清代地方官员精心购置，作为新奇之物呈进宫中，以为慈禧皇太后及宫中其他女性日常之用。当然，其中亦有部分为西洋人进献慈禧等人的礼物。

371

美国香水

年代　清

收藏单位　故宫博物院

　　美国商人非常重视中国的香水市场。纽约兰满香水公司即生产有专销中国市场的香水。

372

法国狮子牌香水

年代　清
收藏单位　故宫博物院

　　香水瓶的底部写有"GIVE SOLE AGENT
CHINA"字样，意为专供中国市场。

373

德国香水

年代　清
收藏单位　故宫博物院

　　香水瓶的包装上有"瑞记洋行经理"字样，
表明这是销售该香水的中国经销商。

374

铜镀金嵌玛瑙转花表

年代 清

收藏单位 故宫博物院

　　自利玛窦向万历皇帝呈献第一件自鸣钟后，陆续有西洋钟表进献宫廷。这些钟表或为地方官员在广州购置后贡入宫廷、或为传教士进献皇帝、或为西洋使臣带来的礼品。在这些钟表中、有些是詹姆斯·考克斯的作品。考克斯是 18 世纪伦敦的钟表匠师，他制表技术高明、擅长设计具有中国风格的座钟、适应了清廷的需要、备受欢迎。此为署有考克斯标记的钟表。

375

铜镀金把镜表

年代　清
收藏单位　故宫博物院

清宫钟表无处不在，此表即镶嵌在把镜的手柄上，便于宫中人员出行之时携带，观看时间。此把镜亦有考克斯款识。

376

光素小瓶洋鼻烟

年代　清
收藏单位　故宫博物院

乾隆皇帝曾以粤海关所进洋式物品并不合用为由，令嗣后不能仿制进献，应效仿康熙时期办法，向西洋订购。

（二）内府订制

377

癸卯款银酒提

年代　清光绪
收藏单位　故宫博物院

晚晴时期，因为财政紧张，清宫造办处制造器物的数量锐减。为了满足宫中需要，内务府即向京中铺号购置。银制品是其中的大项。此酒提是内务府向京中的恒利银号定制的。恒利银号是京中"四大恒"之一，资金雄厚，其金银制品成色好，重量足，工艺精，物真价实，是宫中采购的重要对象之一。

378

银团寿字盒

年代　清宣统
收藏单位　故宫博物院

京中的德华银号也为清宫供应银器。此银盒即其一，由内务府于宣统元年（1909）购入宫中。其盒面粘有黄条，上书："宣统九年四月二十九日□平传收麝香九两。"其中"□平"应为宫中太监姓名，"宣统九年"（1917）已经是小朝廷时期，这表示该银盒为宫中长期使用。

379

银八卦纹盒

年代　清
收藏单位　故宫博物院

此八卦纹银盒也是德华银号所制，主要满足清宫的燃香之用。盒内分割成八个部分，并盛放有切刀、银匙等燃香用具。

380

银刻花梅花式盒

年代　清

收藏单位　故宫博物院

　　清末民初，北京宝华楼银号制作的银器名声显著，清宫亦经常定制。此银盒即其一，盒盖装饰有"囍"字及葫芦花卉，并于葫芦上题写"子孙万代"四字，寓意吉祥，应为皇帝大婚用品。

381

银双喜字盒

年代　清同治

收藏单位　故宫博物院

　　为内务府制作银器的银号还有不少，义和银号即其一。此盒为义和银号所制，盒通身以"囍"、"寿"字为主体装饰，辅以如意云纹，充满喜庆色彩，且制作于同治十一年（1872），当为同治皇帝大婚用器。

382

铜水枪

年代　清
收藏单位　故宫博物院

　　清末时，大量西洋物品被源源不断地输入中国。一些物品为宫中所接受，并通过种种途径进入宫中。鉴于传统的消防设备较为笨重，且防火能力有限，而西洋的防火设备轻便、操作简单、为此，宫中购置了一批西洋的消防设备。此消防设备即订购自外国洋行。

383

《膳房办买肉斤鸡鸭清册》

年代　光绪三十四年（1908）
收藏单位　故宫博物院

　　清宫提倡节俭，禁止浪费，其后宫嫔妃日常食用各物都有严格的数量规定。这些物品有的依赖地方进贡，但更多的则是需要内务府委派人员进行购买。乾隆二十八年（1763），内务府仅购办鸡鸭等肉共用银2500余两，至宣统时，则增长为1万余两。此为光绪末年内务府购买鸡鸭鱼肉的档案清册。

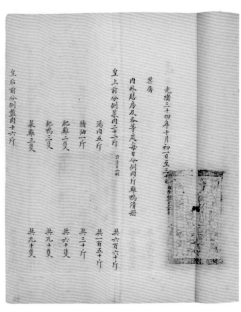

384

蓝色缎平金绣勾莲金龙纹半截银鼠皮男龙袍

年代　清乾隆
收藏单位　故宫博物院

　　银鼠，亦称"扫雪"、"臊鼠"、"骚鼠"、"鼬鼠"，其毛夏为赤鸢色，冬为雪白色，较为珍贵。乾隆时期，唐努乌梁海地区有进贡，但内务府认为其品质较差，主要用于变价，而内务府购自恰克图的扫雪皮则用于宫中服饰。此为乾隆皇帝的御用银鼠皮龙袍。

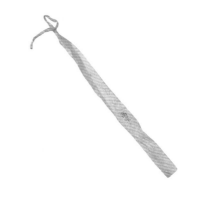

385

石青色素缎白狐脓皮常服褂

年代 清乾隆

收藏单位 故宫博物院

　　白狐产自西伯利亚、阿拉斯加等地，其皮毛
在冬季为纯白色，是内务府商人自恰克图采购的
重要皮毛之一，乾隆三十六年（1771）一次即采
购 2850 余张。内务府所购白狐皮多被制作成皇室
人员的衣服，此为乾隆皇帝御用常服。

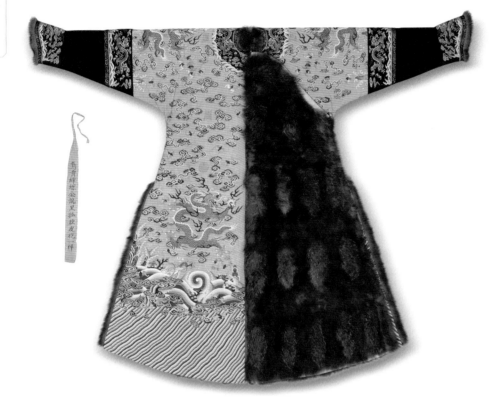

386

明黄色缂丝彩云蝠金龙纹
黑狐皮女龙袍

年代　清乾隆
收藏单位　故宫博物院

　　黑狐，也称"银黑狐"、"元狐"、"倭刀"，皮毛较为高贵，内务府亦大量购入。乾隆二十六年（1761）一次购入 330 余张。此为乾隆时期清宫制作的黑狐皮龙袍。

387

明黄色缎绣彩云金龙纹海
龙皮边男朝袍

年代　清乾隆
收藏单位　故宫博物院

　　在内务府采购皮毛中，海龙皮最为珍贵。因其数量不多，主要用于制作皇室成员成衣之用。海龙即海狗。此朝袍周边所镶皮毛即海龙皮。

388

明黄色彩云金龙纹妆花缎
天马皮镶海龙皮边男朝袍

年代　清康熙
收藏单位　故宫博物院

　　天马皮又称"沙狐皮"，其体量较小，夏季呈灰褐色，冬季为白色，主要由唐努乌梁海地区入贡。

389

香色夔龙纹暗花绸灰鼠皮
斗篷

年代　清乾隆
收藏单位　故宫博物院

　　灰鼠皮即松鼠皮。恰克图贸易是内务府皮毛的重要来源之一，乾隆三十三年（1768），内务府购得俄国灰鼠皮 5 万余张。与银鼠皮一样，唐努乌梁海入贡的灰鼠皮亦主要用于变价，而恰克图贸易所得用于宫中成衣。此为乾隆皇帝御用斗篷。

物品管理篇

　　内务府对宫中物品的管理非常严格。针对不同的物品，清宫有不同的管理制度。

　　陈设是宫中物品的用项之一。紫禁城内外各处殿宇众多，皆有陈设。它们分散各处，数量众多。乾隆年间，仅储秀宫后殿就有陈设110件（套）。这些物品材质各异，体量有大有小，若不能有效管理，极易丢失、损毁。为此，内务府不仅设有专人管理，而且建有档册，定时查核，若账目不符，相关人员即被惩罚。

　　日常消耗品在清宫物品中占有较大比例，不仅涉及宫中饮食材料，还包括煤炭、木柴、蜡烛等物品，以及宫中制作御用器物的各种材料。后妃例有等级，其所用物品各有分例，其一应物品按时分发，管理较易。至于宫中所需各种材料，有新置办的，也有旧有物品拆毁的，还有其他地方交进的，这些都要一一详细记录在案，所用多少，剩余多少，要按时奏明，以备查核。

　　清代帝后赏赐的宫中物品也很多。在清代，帝后非常重视赏赐的功用，赏赐的形式多种多样。帝后赏赐王公大臣的物品也几乎无所不有，有饭食、糕点、银两、御用笔墨、御笔书画等。有时这些赏赐的数量很大。嘉庆时期，元旦筵宴蒙古王公期间，曾一次赏赐貂皮4000余张，而此时宫中每年所进貂皮亦不足万张。这并非偶尔为之，亦非仅限于此类物品。嘉庆皇帝曾一次留用瓷器8000余件，以为赏赐。当然，这些赏赐物品的管理也是非常严格的，其相关人员要将赏赐情况详细记录，并汇总奏闻。

除各项应用外，清宫众多的物品主要存储库中。这些物品的日常保管十分紧要，管库官员根据所管物品开展防潮、防虫、防火等工作。如若因循疲玩，不能使物品完好，即会由内务府处罚。一般而言，若损坏情形并不严重，多会由当事人赔偿损失。

　　出入库是库房管理最为重要的内容。在物品入库之时，若是贵重物品，其管库人员要进行详细地查验，并将该物品的重要信息记录在案。有时为了防止与其他同类物品混淆，各库还标明收藏库别。不仅如此，各库还对一些物品进行了编目，以便于管理。至于出库，清宫亦非常谨慎。对于支用的物品，管库人员要详细记录支取的数量、用途、支用人员、出库人员。若有剩余，必须及时归库、画押，并知会相关部门。否则，其相关人员即被奏参。

　　在严密的出入库之外，清宫还有按时查库制度。查库制度需要详细记录库中旧存、新收、支用、剩余物品的情况。查验之后，内务府需要对其中一些物品的处理情况拟定意见，并奏请皇帝。查库制度有利于内务府在面对众多的库房、海量的物品时，能够及时掌握所管物品的动态情况，以做出不断的调整，从而优化库房的管理。

一

赏 用

（一）宫中陈设

养心殿后殿东暖阁卧床上的挂件

　　清宫所藏物品之中，有相当一部分是为了满足其日常生活需要。其中，一些荷包、香囊除随身佩戴之外，还有一些被安放于皇帝及后妃的床帐之内，以为清洁空气之用。此为养心殿后殿东暖阁卧床上悬挂的香囊等物品。慈禧太后喜欢新鲜水果的气味，故在其寝宫内安放有许多大瓷缸，以供盛放水果，并定期更换。

后宫卧房陈设

　　在皇帝和后妃的寝宫之内，或出于生活需要，或为了装饰需要，皆陈设有许多坐具、瓷器、挂屏及文玩等物。这些物品都有专职的太监负责管理，且都要建立档册，并由首领太监定期查验，以防止丢失、损坏。一旦发现物品缺失，负责太监及其首领都要遭受处罚。此为储秀宫西梢间内卧房陈设。

三希堂内的壁瓶

　　壁瓶是清宫陈设用品之一，尤为乾隆皇帝所喜爱。他曾在《咏紫地开光花卉壁瓶》诗中写道："官汝称名品，新瓶制更嘉。随行供啸咏，沿路撷芳华。"在三希堂这个不足四平方米的狭小室内，挂有 11 个各种釉色、造型不同的壁瓶，加上临窗悬挂的 2 个，总共多达 13 个。

花梨木炕桌

年代　清
收藏单位　故宫博物院

　　清代统治者极大限度地保留了满族的生活习惯，紫禁城内众多的暖炕即明证之一。宫内明窗炕上多放置有炕桌，其上多放置一些日用物品，如冠架、装饰等物。

394

黑漆描金多宝格

年代　清

收藏单位　故宫博物院

　　清宫陈设物品时，体量较大的物品独立放置，而体积较小的物品则集中放置在大的柜格之中，或放置于炕头的多宝格中，既安全，又美观。

395

养心殿陈设书目

年代　清

收藏单位　故宫博物院

　　书籍是人类智慧的重要结晶，是文化的重要载体，是人们获取知识的重要来源。清朝皇帝非常重视对传统文化的学习，宫中藏书丰富。为了便于皇帝阅读，宫中的许多地方都陈设有各种古籍，以及当朝所刻各种图书。

396

画珐琅玻璃大吉葫芦式挂灯

年代　清

收藏单位　故宫博物院

　　宫灯是清宫最重要的照明设备。宫中殿宇众多，所需宫灯数量甚巨。其中，在皇帝及后妃居住、活动的室内，每间房屋都要张挂宫灯5具。宫灯形制多样、色彩丰富、装饰华丽、寓意吉祥。在皇帝大婚、万寿等重大场合，内务府还要特制大量宫灯。

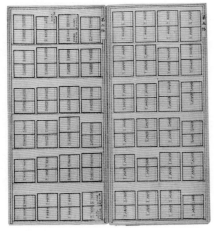

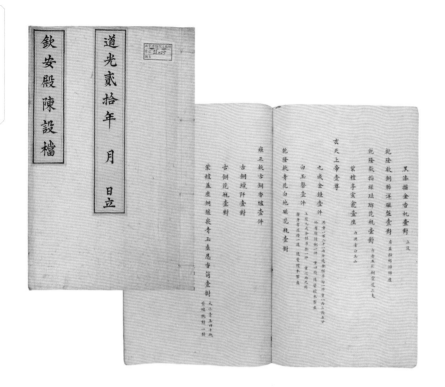

397

《钦安殿陈设档》

年代　清道光

收藏单位　故宫博物院

为了加强宫中物品的管理，内务府对几乎所有物品制定了档册。这些档册多以宫殿单独成册，按殿内方位记录物品，若有箱柜，则又进行详细记载。遇有物品更换、损毁、遗失等亦要详细记载，以备查核。

398

宁寿宫东暖阁《佛堂钟表陈设册》

年代　清

收藏单位　故宫博物院

除按宫殿记录物品外，内务府还按物品类别建档记录。目前所见有古铜器档册、书册及钟表册等。该档详细记录某一类别物品情况，便于管库官员核查。

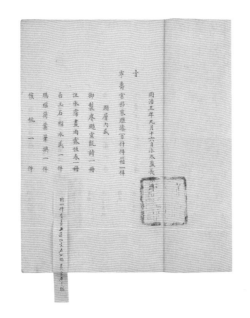

399

《宁寿宫移来百什件陈设档》

年代　清同治
收藏单位　故宫博物院

　　清宫中，有一类物品体量较小，但做工精美，具有极高的艺术价值，深受清代帝王喜爱。此类物品多集中存放，被称为"百什件"，或作"百拾件"、"百事件"、"百式件"等。对于这些物品，内务府亦专门建档管理，这即是百什件陈设档。

400

清宫的陈设档案

年代　清同治
收藏单位　故宫博物院

　　在陈的许多器物，极为精美，深为清代帝后所喜欢。有时，清帝谕令将其移至他处。至清晚期，宫中造办处生产日少，清帝经常挪用各殿的陈设物品。此档册记录了同治年间清帝取用宁寿宫百什件的情况。

401

宁寿宫陈设档中记载的文物情况

年代　同治五年（1866）
收藏单位　故宫博物院

　　晚清时期，一些宫殿的使用频率下降。在此情形之下，某些在陈物品被挪移至其他宫殿，或替换损坏器物，或为重新装饰殿宇之用。这些物品的去向需要详细记录在案。该档册记录了阅是楼明殿座钟挪移的情况。

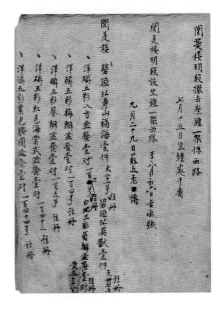

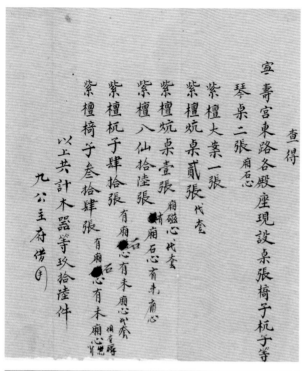

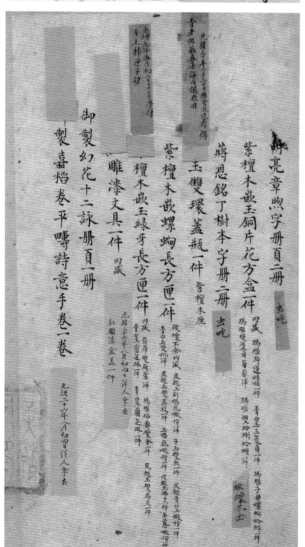

402

九公主府借用陈设

年代　清道光

收藏单位　故宫博物院

宫中的一些在陈物品还经常被挪作他用。道光时期，曾将圆明园在陈的一些物品赏赐给公主，作为其嫁妆。此档册记录的是九公主借用宫中陈设的情况。

403

陈设文物破损情况

年代　清光绪

收藏单位　故宫博物院

乾隆时期，各处陈设若有损坏，则由管理人员奏请，并及时修复。清晚期，这些破损器物并不能得到及时修整，但其陈设档册要详细记录其现状。此档册记录的是原陈毓庆宫中若干物品的破损情况。

404

陈设流动情况

年代　清同治

收藏单位　故宫博物院

　　宫内各处陈设物品，因为各种原因具有一定的流动性，但往往在一定时间之后，又会交回原处。对于这些物品的动向，其陈设档册会详细记录在案。此档册记录了阅是楼等处陈设物品的借出与交回情况。

405

八国联军盗窃陈设情况

年代　光绪二十六年（1900）

收藏单位　故宫博物院

　　在陈物品若因故丢失，其陈设档册上应予以注明。若知晓丢失的确切时间及丢失原因，亦应详细记录在案。此档册记录了光绪二十六年（1900），八国联军进入紫禁城后，窃盗毓庆宫部分陈设。

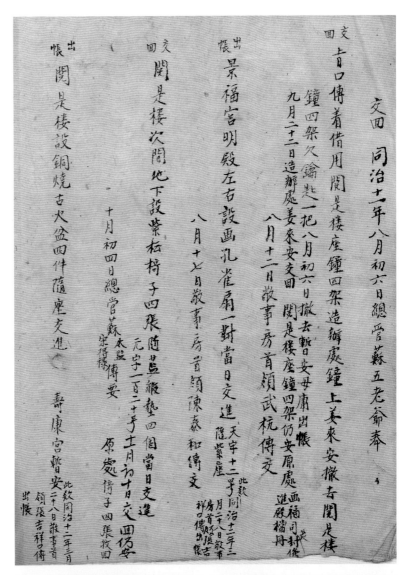

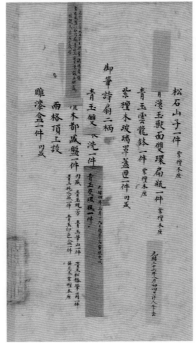

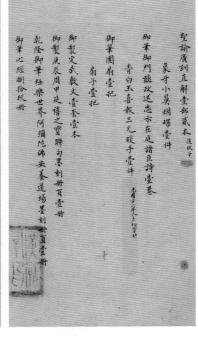

（二）赏赐

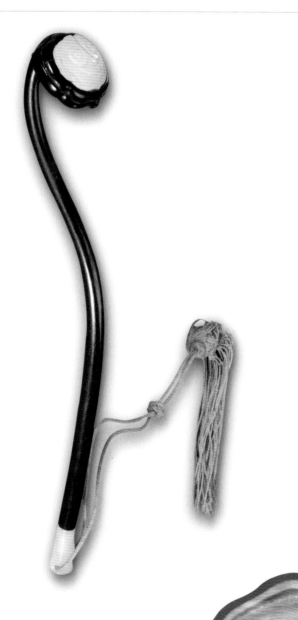

406

紫檀嵌玉灵芝式如意

年代　清
收藏单位　故宫博物院

年节之际，王公大臣向皇帝进献如意，以表达其美好的祝愿。有时，清代皇帝亦会赏赐其如意。崇庆皇太后七旬万寿时，即赏赐文武九老大臣如意。这些赏赐用如意多装饰简单，但有时亦非常精美，甚或是皇帝的御用之物。

407

御铭松花江石桃式砚

年代　清康熙
收藏单位　故宫博物院

文房四宝是皇帝赏赐较多的物品之一。康熙皇帝六旬万寿时，曾经召见各地贺寿的文武官员，并多有赏赐。其中，最为重要的一项是笔砚，几乎每位被召见人员都有。

团寿字纹紫金锭念珠

年代 清
收藏单位 故宫博物院

　　清代皇室人员多信奉佛教，宫内收藏有大量
相关物品，念珠是其中较为重要的类别。清代皇
太后及皇帝等人亦将其赏赐文武官员等，以示恩
宠。崇庆皇太后七旬万寿时，此种寿字念珠即恩
赏物品之一。

红色缎绣夔龙纹寿字荷包式火镰

年代 清
收藏单位 故宫博物院

　　火镰是清人的燃火工具，一般配有火镰套、
套内装有火镰、火绒和火石。使用时，用火绒包
住火石与火镰刃摩擦，使之燃烧。清代，火镰套
成为男子出门时的随身之物。清代皇帝亦将此类
物品作为赏赐之用。

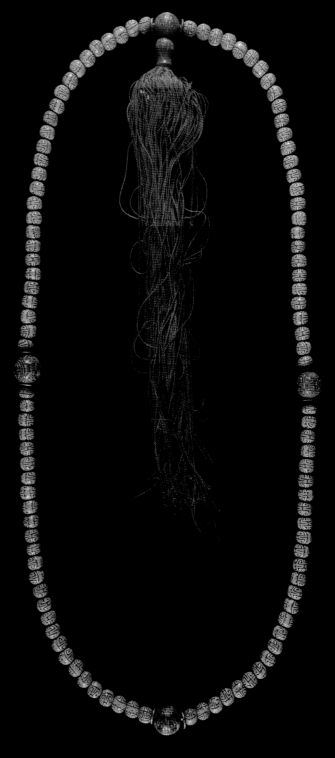

粉彩云蝠纹赏瓶

年代　清光绪
收藏单位　故宫博物院

　　清宫所藏的大量物品之中，还有一些是专门用于赏赐群臣之用。其中，瓷器是较为重要的一个类别，而赏瓶又是其中的代表。赏瓶始见于雍正，并延续至宣统时期。此瓶为光绪款粉彩云蝠纹赏瓶，底书"大清光绪年制"。

青花缠枝莲纹赏瓶

年代　清光绪
收藏单位　故宫博物院

　　雍正至咸丰朝多以青花缠枝莲纹作为主题纹饰，因"青莲"与"清廉"谐音，故皇帝赐给臣下，是希望其能为政清廉。同治以后又新添了粉彩、粉彩描金及单色釉等品种。此瓶为光绪款青花缠枝莲纹赏瓶，足内有青花楷书"大清光绪年制"六字款。

石青色团寿字纹织金缎

年代　清乾隆
收藏单位　故宫博物院

　　缎匹也是清代皇帝赏赐王公大臣的重要物品。清宫用于赏赐的缎匹很多，但基本都为宫中富余之物，但在皇帝或者皇太后、皇后万寿之际，江南三处织造亦会专门织办大量赏用缎匹。此外，用于赏赐的缎匹等级多较低。乾隆母崇庆皇太后七旬万寿时曾大量赏用此种缎匹。

红色缎辫绣蟾宫折桂纹粉盒

年代　清同治
收藏单位　故宫博物院

　　除恩赏文武官员外，还有众多的女性成员亦有幸得到皇太后等人的赏赐。当然，她们所得到的赏赐物品与男性成员有较为显著的区别。皇太后等赏赐给她们的物品具有较强的实用性，包括各种梳具、胭脂水粉等。

二

库房管理

（一）收储

缎库前正房外景旧照

　　除在陈或正在使用的物品外，还有大量物品被存放在库房之中。这些物品由专门的库使管理，其出入都有严格的程序。此外，内务府还有严格的查库制度，一旦发现账目不符，即要惩罚相关人员。

　　缎库是广储司六库之一，设在太和殿东体仁阁和中右门外西配房内，掌管收存各种绸缎、布匹及棉花等物。设有员外郎 3 人，司库 2 人，副司库 2 人，库使 13 人。此为苍震门内缎库。

415

茶库及偏房

　　茶库为广储司六库之一，设在右翼门内西配房、太和殿西偏房和中左门内东偏配房，掌管收存人参、茶叶、香、纸、颜料和绒线等物品，并管理南薰殿历代帝后像等。每月逢三、六、九日开库收发。设有员外郎 3 人，司库 2 人，副司库 2 人，库使 13 人。此为苍震门内茶库。

416

檀香木满文"皮库之图记"

年代　清
收藏单位　故宫博物院

　　皮库是广储司六库之一，设在太和殿西南角楼和保和殿东配房内，掌管收藏各种皮毛、呢绒、象牙、犀角、凉席等物品，每月逢二、五、八日开库收发。设有员外郎 3 人，司库 2 人，副司库 2 人，库使 13 人。此为皮库印记。

417

东陵交回金光素盆

年代　清

收藏单位　故宫博物院

　　内务府不仅负责管理紫禁城内的物品，而且还有陵寝、园囿及行宫的物品。这些物品要定时更换，并按时查验，其处理结果要奏明内务府，并转奏皇帝。其中的一些物品，在更换后要交付内务府库房，为示区别，还要注明其来源。此金盆即由东陵交回内务府，底部有"东陵交回"戳记。

418

银镀金盆

年代　清宣统

收藏单位　故宫博物院

　　印有"东陵交回"戳记的物品，主要是金属制品。除金器外，银器或者银镀金器皿亦会加盖此戳记。此即宣统年间交付陵寝使用，后被内务府收回，并加盖"东陵交回"戳记的银盆。

珊瑚数珠

年代　清光绪
收藏单位　故宫博物院

　　内务府收藏的众多物品之中，有很多都保持有原始的信息，以便于皇帝查验。这些信息主要用黄条记录，一般上书该物品的名称、来源、收藏日期等。此数珠黄条则较为简单，只有进献者身份、姓名及数珠的基本信息。

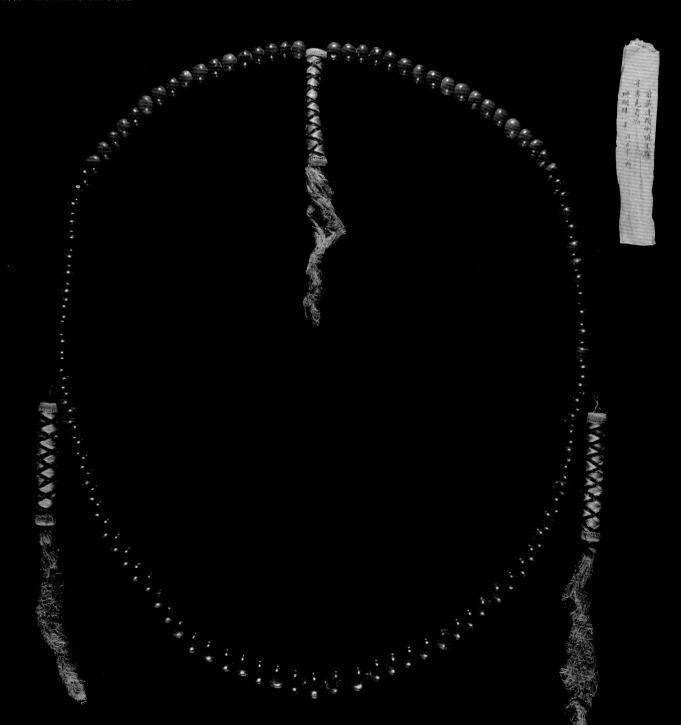

铜镏金宗喀巴

年代　清乾隆
收藏单位　故宫博物院

　　有的物品则用白签记录其相关信息，所书内容与黄条基本一致。有时其内容还用满、汉语言书写，甚至有的用满、蒙、汉、藏语言书写。此佛像白签内容使用满、汉两种语言，不仅包括物品名称，还有交进日期及交进人员的身份。

铜镏金宗喀巴

421

木万福锦花纹桦皮弘历御用弓

年代　清乾隆

收藏单位　故宫博物院

　　内务府收管的部分物品还使用皮条记录信息。这主要是一些武备之类的器物，如弓、刀、剑、马鞍等。其所记内容主要是该器物的所有者为哪位皇帝、器物的名称，以及收储的年份。一般用满、汉两种文字记录。

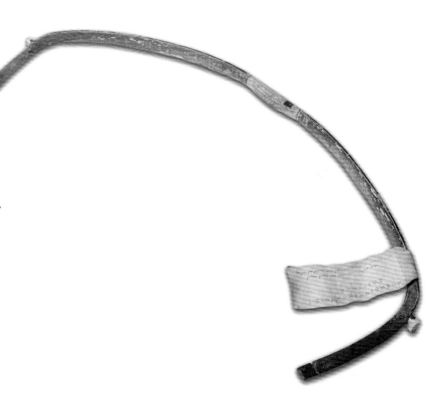

422

银镀金镶珠宝五凤纹钿尾

年代　清

收藏单位　故宫博物院

　　较为贵重的收藏品，主要包括各种金银、玉石之类的器物，其入库之时的记录则更为详细，不仅要详细记载收藏日期、交进人员，还要详细记载该物品的主体构成。此钿尾的黄条即一面记录了交进人员信息，另一面详细记载了该物品的重量及镶嵌重要宝石的数量。

 423

银盖罐

年代 清道光
收藏单位 故宫博物院

　　还有一类较为特殊的情况，即内务府在制造之初，就将该器物的一些基本信息刻录在其底部。这些信息包括器物制作的时间、重量，以及制作的方式。这主要是针对一些金银制品，便于内务府监管应用与收储。

424

钧窑玫瑰紫釉海棠式花盆

年代 宋
收藏单位 故宫博物院

　　乾隆时期，一些钧窑瓷器在制作之时即加刻宫殿名或陈设地名。一般陈设类钧窑瓷器底部刻写的殿名、地名，均是殿名即"大地名"在上自右向左横刻，具体陈设的地名即"小地名"在下竖刻。此种瓷器较为重要，内务府收藏之时亦会谨慎对待。

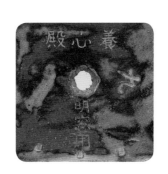

蓝色缠枝洋花织金绸民族衣

年代 清乾隆
收藏单位 故宫博物院

内务府所收藏的诸多物品、有一些可以循环使用、诸如戏衣等物品、具有较强的目的性。这些物品在入库之初、即须标明其专有用途、以便于以后的使用。其记录信息的方式较为简单、一般直接以墨书印记印制。此戏衣即印有"国王衣""远人归化"等字样、标明为演戏时的来朝国王所用。

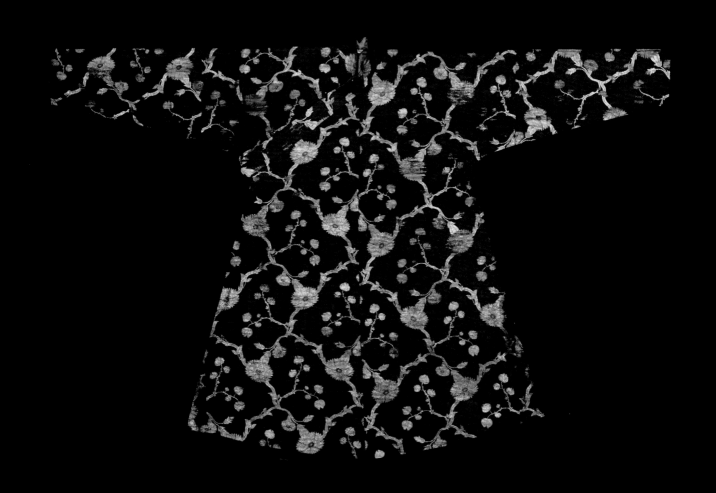

426

月白色缎绣山石竹兰菊纹观音帔

年代　清

收藏单位　故宫博物院

为了便于管理戏衣、道具，一些戏衣上还要注明其所属机构。其标记方式亦用墨书印记、内容非常简单，只涉及直属机构，有的会有统属机构。此戏衣即印有"南府外头学含淳堂"字样。南府即清宫演戏的机构，后改称"升平署"。

（二）包装

427

《涵岑阁诗意图》轴

年代　清
作者　（清）钱维城
收藏单位　故宫博物院

　　由于收藏的物品众多，为了便于管理，内务
府还对这些物品进行编号。其编号主要按照千字
文进行排序，这些序号记录在黄签上，有的粘贴
在器物的显著位置，有的则是拴系在器物的细微
之处，以便于查找。

428

《宁寿宫铭》并《岁朝图》册及包装盒

年代 清

收藏单位 故宫博物院

清宫非常重视对皇帝御笔作品的收藏与管理，其中的一些诗文经常由臣工配以绘画，在制作成纸本或绢本等的小册子后，再交由造办处制作用于盛放的匣屉。此盒盖内部装饰以珐琅蝙蝠，盒内部则以丝绢为衬，并用玉质蝙蝠与寿字各三，围出一固定区域，用于放置册页，既安全，又美观。

429

《御制中秋帖子词》卷及包装盒

年代 清乾隆

收藏单位 故宫博物院

在收藏书画作品时，清宫常常将不同时期、同一主题的作品统一存放。此紫檀盒分上下两层，存放的是《御制中秋帖子词》，共10卷。这些作品始于乾隆十一年（1746），止于乾隆二十五年（1760），共15年。除御笔书法外，每卷有臣工和词，以及臣工绘画纪事。

红雕漆卷轴册页包装盒

年代　清乾隆
收藏单位　故宫博物院

　　此盒是乾隆时期书册的一种重要包装形式。由上面的3个红雕漆卷轴、下面的两本红雕漆书册和一个红雕漆底座组成。上方的3个卷轴分别盛放杨大章等人的卷轴画，下方的书册匣安放乾隆皇帝的《御制避暑山庄百韵诗》册。这种形式深为乾隆所喜欢，当时宫中制作了一批这样的包装，以存放卷轴、书册。

431

《康熙南巡图》第十卷包装盒

年代　清

收藏单位　故宫博物院

为了加强对前朝皇帝物品的保存，后世帝王令人专门制作了工艺精美的包装盒。

432

御笔《游戏黄庭》卷

年代　清乾隆

作者　（清）弘历

收藏单位　故宫博物院

清宫收藏皇帝的书法和绘画作品时，往往进行几次包装。为了不损伤书画，直接接触这些物品的材料，皆为柔软的丝织品，而为了美观，这些丝织品亦多装饰有臣工绘画，其本身即是一件艺术品。在此之外，往往还要追加一层黄色的织物，以便于收放。

433

《御制中秋帖子词十叠韵》卷

年代　清乾隆
作者　（清）弘历
收藏单位　故宫博物院

　　收藏皇帝作品之时，清宫造办处还非常注意
细节部分的处理。其体现之一即对玉或象牙等材
质的别子加工方面。在这狭小的空间之内，宫内
造办处的匠人不仅要雕琢其形状，还要在上面刻
写文字，赋予其浓厚的文雅之气。

434

《九州如意图》轴

年代　清
作者　（清）汪承霈
收藏单位　故宫博物院

　　一些画轴的轴头亦是皇帝与宫内造办处匠
人的用力点之一。清宫绘画的轴头除红木、紫檀
等硬木外，还有象牙、犀角、玉石、珐琅、青花、
珊瑚等。这些轴头做工精美，造型多样，有的还
装饰有精美的图案，处处显示出宫廷装潢的精益
求精。

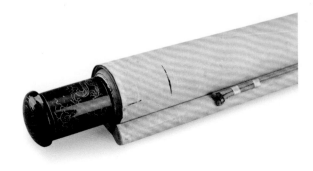

435

《般若波罗蜜多心经》

年代 咸丰元年（1851）
收藏单位 故宫博物院

有些清代帝后的作品包装较为简单，它们没
有专用的木匣，仅是置备了丝织品做的包袱，以
为保护。

436

弘历临赵孟頫《写生册》等三册紫

檀画箱

年代 清乾隆
收藏单位 故宫博物院

清宫内府盛放册页的盒子有木质、漆质、锦
面、珐琅等材质，不同材质的画盒又根据皇帝的
喜好与盒内书画的内容有不同的造型、镶嵌、题
签。此盒外观为柜式，其内则为屉式，共分六层，
最上层盛放册页，其余五层盛放卷轴。

437

观音柳罗汉松诗意小轴及包装盒

年代　清乾隆
收藏单位　故宫博物院

　　一些书画作品专为庆寿而作，而许多书画作品的收储用具亦寿意纷呈。此寿字漆盒即其一。盒内盛放的是关槐绘制的"长春花"、"万寿菊"、"僧鞋菊、佛座莲"及"观音柳、罗汉松"四画轴。

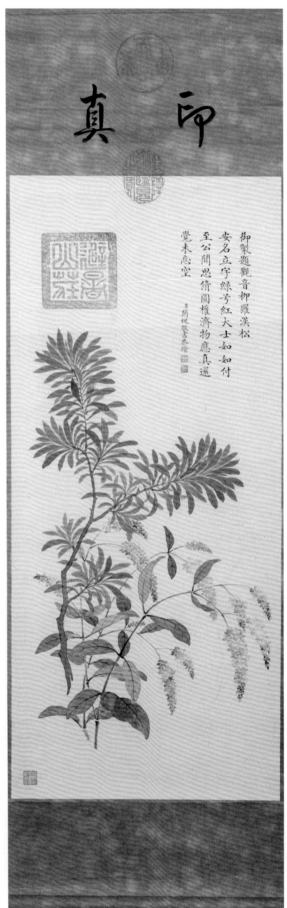

真印

御製題觀音柳羅漢松
安名立字綠与紅
至公間思儉圓權濟物應真遲
覺未忘空

臣關槐敬書恭繪

《瑞芝图》轴及包装盒

年代 雍正十年（1732）
作者 （清）弘历
收藏单位 故宫博物院

　　一些对于皇帝本人具有重要意义的作品，其包装更为讲究。雍正十年（1732），宝亲王弘历观景陵灵芝有感，创作《瑞芝图》。登基之后，乾隆令人予以装裱，并配制了做工考究的画盒。虽然此画作于弘历皇子时期，但仍冠以御笔。

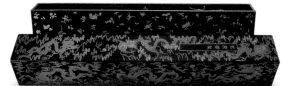

紫檀木"集胜延禧"盒

年代　清乾隆
收藏单位　故宫博物院

　　紫檀材质优良、纹理细密、色泽沉着，用于包装显得古朴典雅，深为乾隆皇帝所喜欢。此盒为紫檀所制，四面立墙刻填金梅兰竹菊四君子图案，顶嵌谷纹玉璧一块，中间填金隶书"集胜延禧"，盒内四角装花牙，以固定书画册页。内盛董邦达四册胜景图。

《御题董诰四季兰图》册等包装盒

年代　清乾隆
收藏单位　故宫博物院

　　清宫内的许多画册木盒内部嵌有玉璧或玉珮，它与书画、木盒组合成一个整体，具有丰富的文化内涵和文人情趣。此盒共三层，上面两层分别存放《御题董诰四季兰图》和《御题董诰清旷楼咏竹图》册，最下面一层盛放谷纹、螭纹玉璧两块。

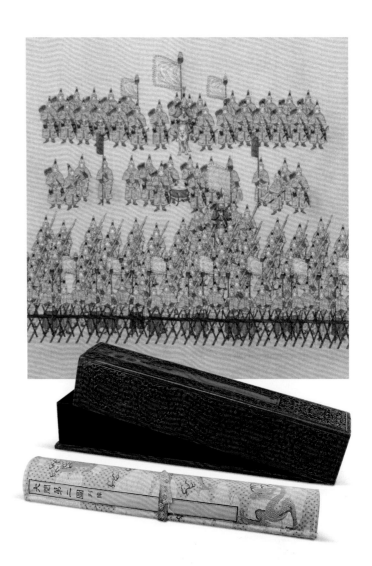

441

《大阅图》卷及包装盒

年代　清乾隆
收藏单位　故宫博物院

　　一般宫廷画家的手卷作品不用木匣，只有丝织品做的袱子，个别有盒子，但其造型较为简单朴素。《乾隆大阅图》因为题材重要，故用剔红缠枝莲长方套盒，盒上有题签："大阅图，乾隆丁卯年制。亨。""亨"字代表盒内盛放《大阅图》第二图——列阵。

442

《东方琉璃光佛图》并书经册函套及内页

年代　清
收藏单位　故宫博物院

　　清宫许多经书的包装亦非常华美。清宫工匠不仅对书册本身进行了精心的装裱，还为其制作了精美的函套。此函套正面有古铜色题签，内部透雕有表示吉祥的图案。

443

《弘历书赋》成扇

年代　清乾隆
作者　（清）弘历
收藏单位　故宫博物院

　　清宫扇子的包装亦非常精美、实用。此盒顶部雕刻博古图，内里起槽，以固定安放纸扇，既牢靠又便携。

御笔题画诗墨

年代　清乾隆
收藏单位　故宫博物院

　　清宫存墨有的来自地方官员进贡、有的则是宫中制作。无论来自何处，为了便于保存，这些御用之墨都有精心制作的包装。此组墨即用紫檀为盒，其内用黄色硬纸作托并随墨形状一一制作凹槽，将墨嵌入槽中，以利于固定。

（三）出入库管理

豐澤園殿上領平安香底簿

楊來榮領平安香　各十五包
十一月二十五日
李双明領平安香　各十二包
光緒二十三年六月十八日
石守慶領整平安香六包
九月十四日
楊來榮領平安香　八包
九月三十日
石守慶領平安香整四包
六月初七日焦進福領平安香各二十包
十月初九日焦進福領平安香各十包
十月十三日于壽珍領平安香各五包
光緒二十四年十二月二十五日
石守慶領平安香整四包
十月二十日焦來福領平安香末各十二包
光緒二十五年六月初八日
侯文吉領平安香整各二十包
十月初七日焦進福領平安香各二十包
十月二十七日焦進福領平安香各十包

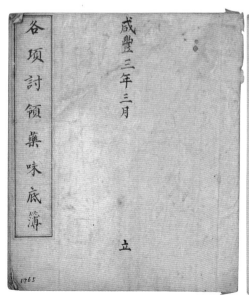

各項討領藥味底簿

咸豐三年三月

五

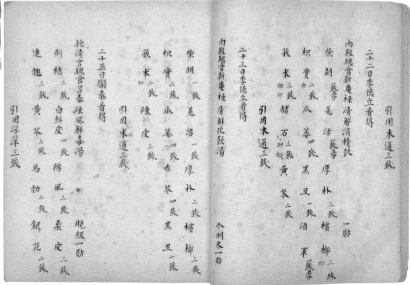

《丰泽园殿上领平安香底簿》

年代　清光绪
收藏单位　故宫博物院

内务府各种物品都有严格的档案记载，其出入都要详细地记录在案。这种记录一般按日记载，按月汇总，且出库、入库要分别成册。有时亦会按照处所单独成册。但无论何种形式，其记录内容基本不变，都应包括交进（支领）时间、人员及数量。此为光绪年间丰泽园殿上领平安香底账。

446

《各项讨领药味底簿》

年代　咸丰三年（1853）
收藏单位　故宫博物院

内务府对药品出入的管理更为严格，其出库之时，不仅要记录服药人员的姓名、职务等，而且要详细记录所服药品及各种药物的分量。此档案详细记载了总管太监领用药品的情况。

447

《流水出账》

年代　光绪二十六年（1900）
收藏单位　故宫博物院

内务府还有一种较为简单的出库记录方式，即宫内所称的流水账。这种账目主要是某一库房记录皇帝用于赏赐的物品。此为光绪年间赏赐王公大臣等的药品记录。

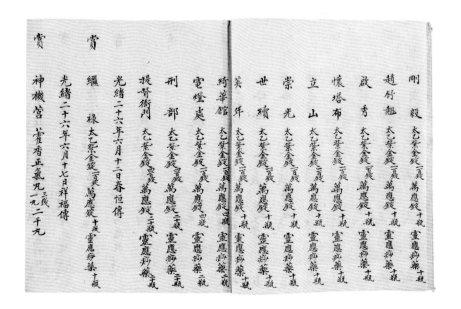

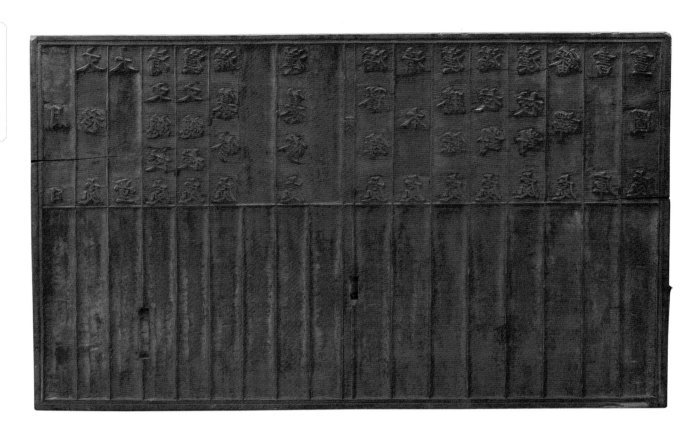

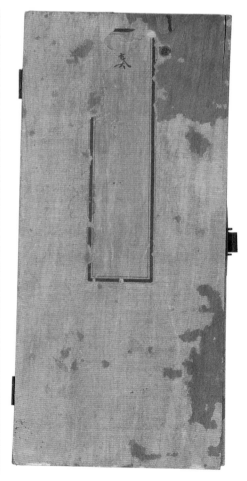

乾隆六十年十月二十五日奉

上諭朕恭閱四執事庫尊藏

世祖

聖祖

世宗御用冠袍帶履什襲整潔該庫執事太監寺丞弄藏

敬慎已俱加恩獎賞我

世祖章皇帝定鼎之初即設立四執事庫以為永值御

用冠袍帶履之所百數十年永檢閱如新世世子

孫瞻仰儉樸自當永遠尊藏嗣後每代酌留冠袍

帶履數件傳之英襪不必過多此即古人設其裳

衣欽承先澤之意此吉即交四執事庫敬謹存貯

以昭法守欽此

值宿档刻版

年代　清

收藏单位　故宫博物院

除正常时间的收发物品外，宫中各处库房还要安排专人值班，以应对突发的情况。值宿时，其值班人员要详细登记其值班时间、值班处所、是否有异常情况等。此为清宫值宿档刻版。

449

褒奖四执库保管成衣人员上谕

年代　乾隆六十年（1795）

收藏单位　故宫博物院

内务府对各库管理人员有奖惩制度，当不能履行其保管任务时，相关人员都要受到处罚。若能够对库内物品亲加查视，能够较好地保存库内物品，亦会得到奖赏。此为乾隆六十年（1795）弘历对四执事库管库人员尽职尽责保护世祖等诸帝御用衣冠而嘉奖的档案。

450

景运门值房

为了加强宫中物品的管理，内务府规定凡银两、物件、活计等出入禁门，有关机构必须知会景运门档房、经检查后才能放行。

内府财政篇

　　清代内务府的财政制度建立于皇太极时期。在当时已经出现了内库，且随着国家事务与皇室事务的逐步分离，内务府财政日益独立于国家财政。此时的内府财源主要依赖于战争虏获所得、王公大臣及各部使臣的进献、贸易，以及土地、山川的税赋。这基本能够满足内府的支出需要。

　　入关之后，清代统治者基本延续了皇太极时期内府财政与户部财政相互独立的制度。但由于开支的剧增，内府财政严重不敷。为此，清代统治者要求户部给予支援。这种援助一直延续至乾隆时期才随着内府收入的激增而终止。

　　为了减少内府财政对户部财政的依赖，清代皇帝积极开拓新的财源，以满足内务府日益扩大的经济需求。康熙时期，内府即开始从事商业经营，以为内府滋生银两。至康熙末年，内府还建立官房租库，专门从事官房租赁和销售。雍正时期，内务府开始从事当铺经营。尤其是乾隆时期，内府对康熙、雍正时期的物品变价活动发挥到极致。此时几乎无物不可变价，上至人参、貂皮、瓷器，下至各种废旧材料，这为内府带来不菲的收入。尤其是人参变价，最高盈利多达50余万两白银。

　　随着社会经济的发展，税关盈余银两增长迅速，远远超过正项所得。经过雍正、乾隆皇帝的努力，这些银两中的一部分被解交内务府，成为内务府一项重要的财源。乾隆时期，其输解内务府的银两多达50余万两。

内务府收入的迅速增长，不仅满足了其自身的需要，还有大量的结余。根据清代皇帝的谕旨，这些结余中的部分被输解至户部，以为国用。但内府财政亦存在潜在危险，它过度依赖于两淮盐政与粤海关。至清末，两淮盐政遭遇困境，内府财政亦陷入不敷出之境地，不得不转向户部寻求帮助。

　　内务府银两主要由广储司银库管理。为了加强管理，内务府建立了月折制度，即按月详细记载广储司银库银两的出入情况，并且实行严格的奏销制度。一般情况下，相关部门将各项用银预算奏闻皇帝，经皇帝批准赴库领银。若有剩余，及时归库，但若最终的开支超出预算太多，则多会由承办人员赔补。

　　除广储司银库外，内务府还有养心殿造办处银库及圆明园银库。这两个银库的收入主要来自税关盈余银两、盐政养廉银等，且与广储司银库之间亦存有联系，清代皇帝会根据三个银库的实际存银情况，做出相应调整，以保证内务府、造办处与圆明园三处经费的充足。

　　实际上，除三处银库之外，在宫中应该还存有内殿银库。不过，内殿是皇帝专有的私人银库，由于资料的限制，其具体情况并不甚清楚。

一

内府收入

（一）皇庄

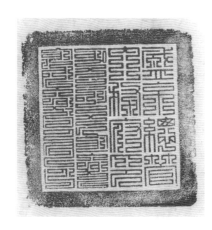

451

铜柱纽 "管理三旗银两庄头关防" 印

年代　乾隆十六年（1751）

收藏单位　故宫博物院

　　清代皇室拥有大量的皇庄，这些皇庄主要分布在东北地区和京畿一带。其中，京畿皇庄由北京的总管内务府衙门直接管辖，东北皇庄则由盛京内务府、锦州庄粮衙门、打牲乌拉庄粮衙门管理，但其诸多事务都要上报北京的总管内务府。内务府中具体管理皇庄事务的机构有内务府会计司、管理三旗银两庄头处、广储司、都虞司、掌仪司、奉宸院和营造司。管理三旗银两庄头处是专门负责纳银事务的机构，除征收银两外，还征收草谷、芦苇等。此为管理内务府三旗纳银庄头的印记。

452

"盛京总管内务府印" 印文

　　皇庄由庄田、庄头和庄丁组成。其中庄头有的是从普通庄丁中选取能干的人员，有的是投充的大户，还有的则是世袭，此外还有补选。他们主要负责组织皇庄的生产和皇庄地租的征收、运输，庄头与掌关防内管领处每年要在规定的时间内将其收支的新粮、余存陈粮、杂粮、草豆、煤炭等数目上报总管内务府。盛京内务府负责管理盛京皇庄事务。

453

内务府皇庄数量图

　　内务府皇庄的数量是动态变化的，至雍正、乾隆时期其发展最为鼎盛。乾隆二十五年（1760），仅京畿地区的皇庄数量即多达28000余顷。嘉庆以后，皇庄规模骤减。此图反映的是畿辅皇庄中纳粮庄的数目变化情况。

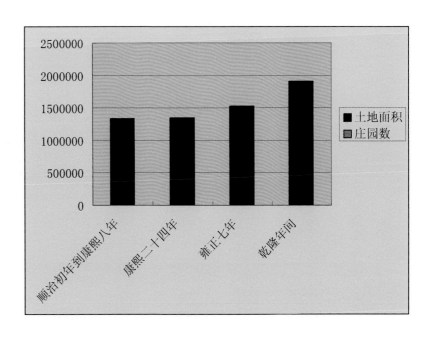

《康熙万寿图》中的庄头戏台

年代　清
作者　佚名
收藏单位　故宫博物院

　　庄头虽然身份低微，但其在内务府的财政收入中扮演着重要的角色。自康熙时期开始，清帝即不断赏赐其八品、九品顶戴。他们对皇帝的赏赐也非常感恩，积极为皇室筹措、交纳租银。在皇帝等万寿之时，还积极筹办点景。此为康熙六旬万寿时，内务府皇庄庄头搭建的戏台。

内务府皇庄收益的档案

年代　嘉庆元年（1796）
收藏单位　中国第一历史档案馆

　　内务府皇庄向皇室有纳租的义务，但其交纳的物品并不相同。粮庄交纳粮食，银庄交纳银钱，各种园户则负责交纳瓜果及鸡鸭等物。其中，嘉庆末年仅纳银即多达10余万两。

（二）物品变价

十三行插屏

年代　清
收藏单位　故宫博物院

　　自康熙始，清宫库藏物品丰富，除各项消耗外，尚有诸多剩余。内务府将这些物品发交粤海关等地进行变价出售，并限定时间，将变价所得银两解交内务府。粤海关是中外贸易的重要关口，富商云集，对宫中各项物品需求甚多，故在长时间内承担着清宫物品变价任务。

457

行书五言联

年代　清康熙
作者　（清）曹寅
收藏单位　故宫博物院

　　三处织造地处江南富裕之地，且其负责官员主要是内务府包衣，他们也承担有为皇帝聚敛财富的义务，在清宫物品变价的过程中扮演了重要角色。乾隆时期，他们是清宫人参变价的重要承担者。康熙时期，江宁织造曹寅即为内务府售卖人参。

458

《康熙万寿图》中的官卖人参

年代　清
作者　佚名
收藏单位　故宫博物院

　　清宫物品的变价有多种途径，而交付京中商人变价则是其一。这种销售方式长期存在。其变价之时，由内务府人员带领商人入宫查验人参，购买者先将参银交纳广储司，此后赴库领参变卖。乾隆四年（1739），内务府一次变卖人参 1900 余斤，得银 97600 余两。

五彩十二月花卉纹杯（玉兰花杯）

年代 清康熙

收藏单位 故宫博物院

除人参外，瓷器是内务府变价的大宗物品。乾隆二年（1737），内务府变价瓷器 21 万余件，共应得价银 21000 余两。这些瓷器变价之前须经由内务府筛选，其中黄釉瓷器及其他内廷应用者，非民间应用之物，不得变价，其余有伤损之瓷器，皆交付相关衙门变卖。

460

天蓝釉洗

年代 清康熙

收藏单位 故宫博物院

内务府瓷器的变价并非偶然行为，嘉庆时期依然存在。嘉庆十四年（1809），一次即变价瓷器 15 万件。至道光以后，内务府的这种变价活动渐少，但景德镇烧造的次色瓷器的变价行为则长期存在。

五彩加金花鸟图八方花盆

年代　清康熙
收藏单位　故宫博物院

　　清宫的变价瓷器中许多带有年款。乾隆二年（1737），内务府变价康熙、雍正年款瓷器 14 万余件。这些变价瓷器有圆器和琢器之分。圆器是可在轮车上成型的盘、碗、杯、碟等，琢器则是指不能在轮车上一次拉胚成型的器物，如尊、瓶、罐等。嘉庆十五年（1810），内务府变价花盆 149 件。

462

洒蓝釉菊瓣盘

年代　清雍正
收藏单位　故宫博物院

　　嘉庆十五年（1810），内务府变价瓷器中有盘18700件，碟7090余件，应得价银950余两。

463

红地粉彩花卉纹白里酒盅

年代　清雍正
收藏单位　故宫博物院

　　嘉庆十五年（1810），内务府变价瓷器中有酒盅16210件，其他盅15960余件，应得价银590余两。

464

白地粉彩八吉祥纹盖碗

年代　清乾隆
收藏单位　故宫博物院

　　嘉庆十五年（1810），内务府变价瓷器中有酒碗80504件，应得价银3460余两。

（三）盐业

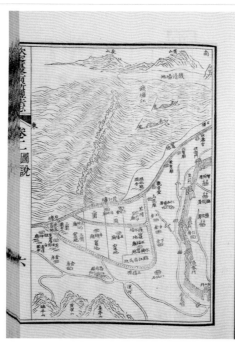

465

《钦定重修两浙盐法志》

年代　清

收藏单位　故宫博物院

　　两淮、两浙盐业较为发达，获利丰厚。广大盐商为了维持其利益，积极向皇帝报效银两。在康熙、乾隆南巡期间，盐商在沿途布设点景，修建行宫。他们还以种种理由，向内务府捐献银两，以为内用。而为了加强对两淮、两浙地区的盐业管理，清政府还组织人员编写盐法志。此为嘉庆年间所修两浙盐法志。

466

马曰琯像

年代　清

作者　（清）方士庶

收藏单位　故宫博物院

　　乾隆初年，两淮盐商多次向内务府捐献银两。其中，乾隆南巡之时捐献银 100 万两。马曰琯（1687—1755），安徽祁门县人，清代著名盐商。马曰琯自幼侨居扬州，世代经营盐业，积极筹办乾隆南巡事宜。乾隆南巡时，曾赐其御书。

467

卢见曾像

年代　清

作者　佚名

收藏单位　故宫博物院

　　卢见曾（1690—1768），山东德州人，清朝官员，康熙六十年（1721）进士。乾隆年间，曾两任两淮盐运使。在任期间，清除了两淮盐政的一些弊病，促进了当地盐业的发展。

468

《整顿淮南通泰两属二十场盐务章程》

年代　清

收藏单位　故宫博物院

两淮盐政在内务府财政体系中处于极为重要的地位。它不仅是内务府人参、貂皮变价的重要市场，而且还是其放贷生息的重要对象。此外，它在一定时期还是内务府玉贡折价银的最为重要的来源。其交纳内务府的银两一度占广储司总收入的三分之一以上。

469

陶澍像

陶澍（1779—1839），字子霖，一字子云，号云汀、髯樵，湖南人。嘉庆七年（1802）进士，曾先后出任山西、四川、福建、安徽等省的布政使和巡抚，道光十年（1830），升任两江总督，兼管两淮盐政。在总督任内，他大力整顿淮盐积弊，缉禁私盐，使得淮盐得以行销。

470

曾国藩像

年代　现代

作者　徐熹

收藏单位　故宫博物院

　　曾国藩（1811—1872），字伯函，号涤生。晚清重臣，官至两江总督、直隶总督、武英殿大学士。在两江总督任上，他对两淮盐政开展全方位的改革，是对晚清两淮盐政改革产生重大影响的关键性人物。他的改革承前启后，是晚清盐政史上的重要环节，使得两淮盐税税收大为增加。

慈禧六旬万寿庆典图稿（局部一）

年代　清光绪
收藏单位　故宫博物院

　　两淮盐政还在内务府的诸多事务之中充任重要角色。乾隆时期，两淮商人赴京承办万寿点景事宜。此外，他们还报效银两。乾隆八旬万寿、嘉庆六旬万寿，两淮盐商皆各报效银 200 万两。

慈禧六旬万寿庆典图稿（局部二）

年代　清光绪
收藏单位　故宫博物院

　　光绪二十年（1894），慈禧太后效法乾隆和崇庆皇太后，隆重庆祝其六旬万寿、铺设点景。后因甲午战争失败，才不得不取消，但其点景已经铺设部分，花费甚巨。两淮盐商亦付出较多，尽管盐业萧条，仍然报效银 40 万两。

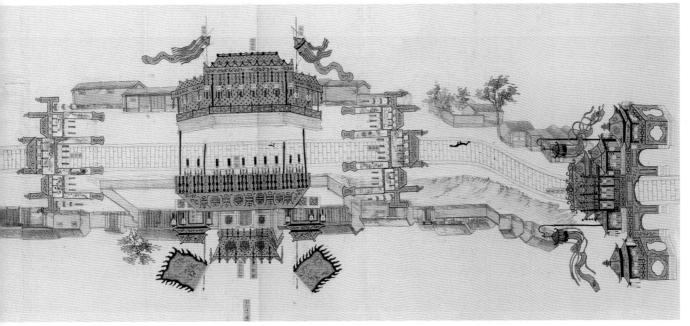

（四）官房与当铺

铜直把纽"官房租库之记"

年代　乾隆十六年（1751）
收藏单位　故宫博物院

　　康熙六十年（1721），内务府设立专管官房经营的官房租库。内设郎中1人，员外郎2人，库掌1人，满文笔帖式2人，库守3人。乾隆三十六年（1771），皇帝指派内务府大臣1人专管房钱库。至乾隆三十九年（1774），乾隆皇帝又派遣值年官员，按年轮换管理官房租库。此为管理官房租库的印记。

474

载沣旧照

年代　清

收藏单位　故宫博物院

　　载沣（1883—1951），醇亲王奕譞第五子，光绪皇帝之弟。光绪十五年（1889），封镇国公，次年，袭醇亲王。光绪驾崩后，溥仪继位，载沣为监国摄政王。醇亲王载沣曾负责管理内务府官房事务。

475

载沣管理官房租库的红绿头签

年代　清

收藏单位　故宫博物院

　　清代，大臣因奏事或筹咨政事等需面见皇帝，便在皇帝用早膳时将写有姓名、籍贯及出身的一种木质头牌呈交皇上，恩准后方可进见。其中，王公贝勒用红头签牌，公以下用绿头签牌，俗称红绿头签。皇帝引见官员每日少则一次多则数十次，引见后皇帝将面试的意见朱批在被面试的官员的履历单或引见折上。此为醇亲王载沣的红头签，其职务之上即详细注明了其负责管理官房事宜。

476

《乾隆万寿图》中的店铺

年代　清
作者　佚名
收藏单位　故宫博物院

　　内务府租售的官房主要分布在交通要冲之地，商业较为发达。乾隆年间，内务府即利用崇庆皇太后万寿之际，将西直门至西华门之间御辇所经道路两侧的诸多商铺收购，加上新盖房屋，共5390余间房，出租盈利每年得银21000余两。

477

《京师生春诗意图》轴中的前门

年代　清乾隆
作者　（清）徐扬
收藏单位 故宫博物院

　　内务府还兴建官房，以为招租之用。乾隆三十年（1765），管理工程处钦奉特旨于正阳门外空地建盖住房1087间及铺面房158间。这些房屋后交内务府管理。对此，乾隆皇帝并不满意，仍要求相关衙门继续查询，如有空地，亦行添盖。

朝年	经营项目	入银
雍正九年至乾隆七年	出售官房 11307 间	144729 两
乾隆七年至乾隆十四年	出售官房 2923 间半	43425 两
乾隆四十五年	出售官房 28 所，计房 688 间，地基 4 块。	21870 两
乾隆四十七年	出售官房 70 所，计 2483 间半，地基 3 块。	75876 两
乾隆四十九年	出售官房 16 所，计 509 间，地基 1 块，井 1 眼。	17106 两
乾隆五十二年	出售店面方 38 间半	1000 两
乾隆五十三年	出售官房 41 所，计房 1335 间，地基、院基各 1 块。	45301 两
乾隆五十五年	出售官房 27 所，计房 669 间，地基 3 块。	22432 两
嘉庆八年	出售官房 402 间，地基 2 块。	15136 两
嘉庆十年	出售官房 17 所，计房 725 间，地基 4 块。	23490 两
嘉庆十八年	出售官房 39 所，计房 739 间半，地基 21 块。	25571 两

478

内务府官房销售情况表

内务府官房售卖实行了指俸认买的支付方式，其具体操作类似于今天的分期付款。由于自成院落之官房价值较高，承买人员支付现银有一定困难，但这些官房主要售予在旗人员，且主要是有官职俸禄之人，所以内务府准许他们购买之时交纳一半现银，其剩余银两从其俸禄中分年扣除。若购买之人逾期不能结清欠额，其所购官房将被内务府收回，重新变价。至于购买之人所付之款，则被视为房租，而不予退还。

479

正阳门旧照

内务府还从事当铺经营。阜顺当位于正阳门外大栅栏地方，原为承安家所有，后承安缘罪抄家，该当铺归内务府所有，并继续营运生息。原有成本银 4 万两，钱 5 万吊，护利钱 1.5 万吊。至嘉庆八年（1803）止当。

480

北新桥

内务府原建有两座万成当，其一因盈利不足于乾隆三十年（1765）止当，另一座则是用官房租库银两于乾隆三十年（1765）开设，坐落于北新桥南边，原有成本钱银 3 万余两。嘉庆七年（1802），因为不能运营，该当铺止当。

481

东直门前永康胡同内景

诚泰当坐落于东直门内永康胡同。成本钱 5 万吊，护利钱 1.5 万吊。此当铺出现于嘉庆初年，一直经营至清末。至光绪初年，内务府以各当铺经营入不敷出为由，奏请各当停止运营，得到光绪皇帝批准。

482

乾隆等朝通宝

年代　清

收藏单位　故宫博物院

乾隆年间，内务府当铺经营与结算以铜钱为主。这些铜钱为数甚巨，为管理带来不便。内务府的解决办法主要有二：一则用于开设新的当铺，一则发交长芦生息。

483

嘉庆等朝通宝

年代　清

收藏单位　故宫博物院

嘉庆四年（1799），内务府对其经营的当铺进行调整。为了便于管理，内务府所营当铺统一用钱文结算，但上交广储司则应按市价兑换为白银。

复建后的西单牌楼

永春当坐落于西单牌楼大街，原有成本钱 4.8
万余吊。嘉庆初年，因为经营不善而止当。此牌
楼为 2008 年复建，较原来的西单牌楼位置稍北。

485

地安门烫样

年代　清
收藏单位　故宫博物院

恒升当来自查抄和珅家产，坐落于地安门外
三座桥附近，有成本钱 7 万吊，护利钱 2.1 万吊。
道光元年（1821），和孝公主府中用度不敷，经内
务府奏请，道光皇帝赏给其恒升当铺以资用度。

《康熙万寿图》中的银号

年代　清
作者　佚名
收藏单位　故宫博物院

　　北京是明、清两朝的都城，商业非常发达，钱铺、银号出现很早。但内务府的银号经营始于道光初年，至咸丰十一年（1861），因为京城金融混乱，内务府银号经营困难，相继裁撤。

（五）税关和户部

上海海关旧照

年代　清
收藏单位　故宫博物院

　　自康熙以来，清代的诸多税关盈余较多。至乾隆时期，一些税关的盈余银两被解交内务府，以为公用，并由此形成了定例。至清末，一些海关亦承担有向内务府解银的义务。上海海关即其一。

488

粤海关衙署

粤海关是清朝海禁政策之后存留的一处对外的海关，也是向内务府解银最为重要的税关之一。道光十年（1830）开始，仅粤海关交纳内务府的银两即多达 44 万两。进入近代，其向内务府的解银最多达到 100 余万两。

489

赫德旧照

年代 清

收藏单位 故宫博物院

赫德（1835—1911），英国人。1854 年来中国，1861 年起在上海代理担任海关总税务司职务，1863年正式接替李泰国担任海关总税务司，直至 1908年离职回国。

490

蔚泰厚票号执照

票号又称"票庄"、"汇兑庄"，是一种专门经营汇兑业务的金融机构。清末时票号与内务府发生了联系。至迟于光绪中期，票号已经为内务府汇兑银两。蔚泰厚票号即其一。

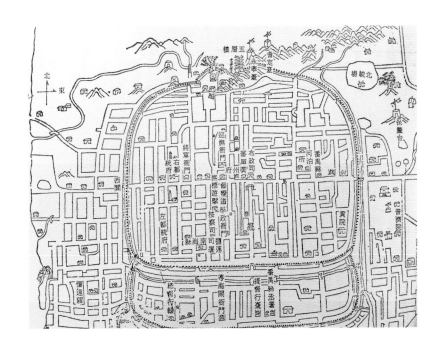

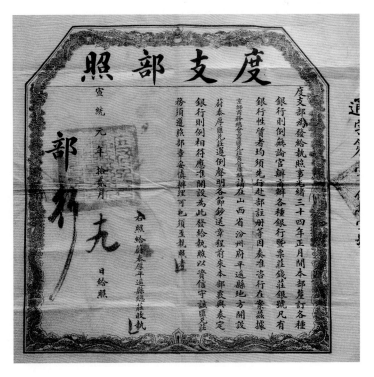

491

蔚泰厚票号匾额

蔚泰厚票号是山西平遥著名的票号之一。初期，它只是一个绸缎店，至道光时期，始发展成为票号。此后，其业务发展迅速，打破了日升昌票号一统天下的垄断局面。

492

日升昌票号

票号不仅承担向内务府汇解任务，亦有放贷业务。光绪十六年（1890），太平关为了筹解内务府经费，因税银不敷，故不得不向日升昌、新泰厚、蔚泰厚、百川通、蔚长厚等票号暂借银2万两，并加平、抬费660两一并"由该商号汇兑"解京。

493

协同庆票号

闽海关也用票号向内务府解送银两。光绪二十年（1894），其为内务府筹解经费银2万两，发交源丰润、新泰厚、蔚泰厚、协同庆等票号各汇银5千两，解赴京城，交内务府收纳。

494

户部造币厂全图

年代　清
收藏单位　故宫博物院

大清银行的前身是户部银行，于光绪三十一年（1905）成立，光绪三十四年（1908）正月更名为大清银行，并增设诸多分行。这些分行亦承担有税关向内务府解银的任务。宣统元年（1909）十月，闽海关为内务府筹解经费银5万两，发交大清银行等承领、汇解。

495

大清银行兑换券

清前期，由于内务府财政困难，户部经常拨款予以帮助，至咸丰时期，内务府财政再次陷入困境，再次开始请拨户部款项。此次请拨始于咸丰七年（1857），但自此以后，其请拨的款项与频次都不断增加，并一直持续至清亡。

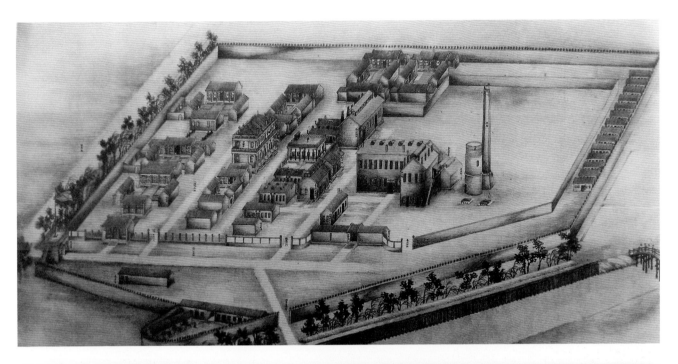

宝鋆旧照

年代　清
收藏单位　故宫博物院

　　晚清时期，户部成为内务府的财源之一。宝
鋆（1807—1897），清朝官员，满洲镶白旗人。道
光十八年（1838）进士，授礼部主事。咸丰时曾
任内阁学士、户部满右侍郎、总管内务府大臣等
职。同治元年（1862），擢户部满尚书，至同治
十一年（1872），转吏部尚书。在此期间，宝鋆
主持了多次户部拨借内务府款项事宜。

《翁同龢等宝慈话旧图像》卷

年代　同治十三年（1874）
作者　（清）吴儁
收藏单位　故宫博物院

　　光绪时期，内务府借拨户部款项有增无减。
在此期间，翁同龢曾先后出任户部侍郎、户部尚
书之职，就户部拨款内府事项制订方案，并于光
绪十九年（1893），户部决定在原先指令每年拨款
60 万两的基础上，再续拨银 50 万两。图中展卷者
为翁同龢。

二

财政支出

（一）日常用度

498

宫中的烟囱

　　清宫日常的生活支出是内府财政中的重要部分，而柴炭则是其中之一。乾隆时期，宫中用煤180万斤，红罗炭9万斤，黑炭210万斤，白炭10万斤，木柴760万斤，以及盛放煤炭的用具等，一年共用银约45400余两。此为宁寿宫后的烟囱。

499

掐丝珐琅炭炉

年代　清
收藏单位　故宫博物院

　　冬日宫中各主要殿宇，都会安放炭炉取暖。这些炭炉一般体量较大，可以燃烧较多的优质炭，以达到驱寒取暖的良好效果。清宫曾制作了大量炭炉，以为各宫应用。

掐丝珐琅手炉

年代　清
收藏单位　故宫博物院

除炭炉外，清宫还制作了大量的手炉，以为冬日出行之时随身携带。这些手炉纹饰丰富，制作精良，支用不菲。

501

画珐琅开光椭圆手炉

年代　清
收藏单位　故宫博物院

清宫手炉品类多样。就现有遗存看，有漆器类、珐琅类及黄铜类等。手炉中多燃用红罗炭。红罗炭坚硬耐烧、灰白不爆，还可根据需要锯截成段，使用非常方便。

502

宁寿宫区的铜缸

年代　清乾隆
收藏单位　故宫博物院

　　清宫建筑以木构建为主，防火任务甚重。为此宫中制作了大量储水用的铜缸，作为消防器具。这些铜缸用料多，耗时长，费用甚多。乾隆三十八年（1773），宁寿宫一区铸造铜缸 28 口，共用铜 12.6 万余斤，煤、炭 27.7 万余斤，用银 1.07 万余两。

503

铜缸图样

年代　清
收藏单位　故宫博物院

　　清宫铜缸的制作有严格的标准。一般先画好图样，根据其尺寸、所用工时，内务府预估其花费银两、耗费铜材等数量，奏闻皇帝批准之后，赴各库领用银钱、材料制办。此为清宫安放铜缸图样。

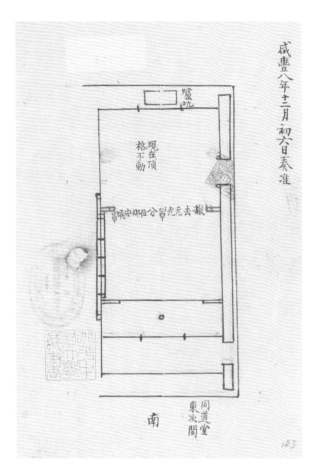

圆明园同道堂东次间内装修平面图

年代　咸丰八年（1859）

收藏单位　故宫博物院

　　清宫宫殿的修缮在内务府日常支出中占有重要分量。根据清宫制度，紫禁城宫殿等每年都要进行查验，若发现损坏，即汇总奏闻，呈请修缮。道光二十七年（1847），内务府修整乾清门外地面，共用银1.7万余两。此外，每年还要糊饰纱窗等，仅此一项光绪年间即用银3万余两。

体和殿内景

　　除日常维修外，清宫还常常有新建、改建任务。乾隆时期，为了尊养其母崇庆皇太后，他在慈宁宫西修建了寿康宫。清末，西六宫格局除永寿、咸福两宫仍保持明初建造时的一正两厢、前后两进的三合院格局外，其余四座宫殿于晚清光绪时均两宫合一，被改造成两座厅式的四进院落。此项花费甚巨。

506

《武英殿恭办清汉文宣宗成皇帝圣训用过钱粮奏销数目清册》

年代　清
收藏单位　故宫博物院

清代帝王还非常重视书籍的纂修，而先帝的御制诗文与圣训等是其中重要的组成部分。该项费用主要出自内务府广储司银库，但至清末，由于内府经费不敷，不得不请拨户部款项，其部分刻书费用亦向户部支领。

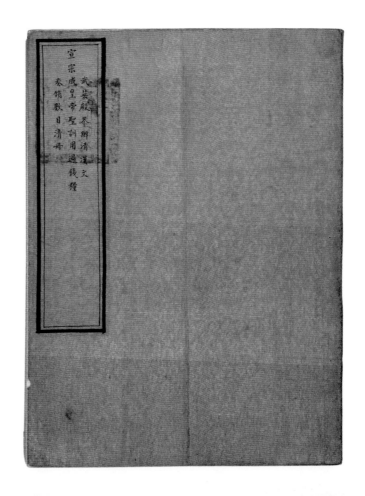

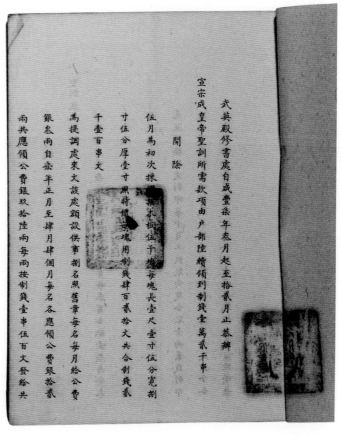

（二）典礼

《万寿盛典初集》

年代　清
收藏单位　故宫博物院

　　为了记录清代帝后万寿盛况，清代皇帝还令清宫画师绘制万寿盛典图，以图纪事。另外，他们还令词臣编纂万寿庆典图书，以描绘万寿盛况。此为记录康熙皇帝万寿盛典的图书。

508

万寿筵宴彩棚图

年代　清光绪
收藏单位　故宫博物院

　　清代帝后万寿，尤其是花甲、古稀、耄耋之年，皆要隆祝，举办万寿盛典。万寿大典时，会在西部苑囿至紫禁城间的御路两侧布设点景，以为观瞻。乾隆时，仅此项花费就多达近百万两。此外，宫内各处皆要张灯结彩，支出亦巨。此为清末仁寿殿前支搭殿式万寿筵宴彩棚立样图。

509

红绿彩红蝠纹葫芦瓶

年代　清乾隆
收藏单位　故宫博物院

　　遇有重大典礼，景德镇都有烧制任务。光绪二十年（1894），御窑厂为慈禧太后六旬万寿烧制御用瓷器，包括各种黄瓷盘、碗、碟等共5万余件，其烧造费用多达21万余两。此后四年内每年窑工用银亦在5万两以上。此为乾隆年间祝寿用的葫芦瓶。

510

《御制千叟宴诗》

年代　清
收藏单位　故宫博物院

　　有清一代，清宫曾四次举办千叟宴，以乾隆时期参加的人数为多，两次皆有3000余人。宴会共设800余席，仅玉泉酒即多达400斤。宴后，皇帝还对与会人员大加赏赐。嘉庆以后，由于财力匮乏，内务府无力举办此等宴会了。

511

《光绪大婚典礼全图》中的皇后嫁妆

年代　清光绪
作者　（清）庆宽
收藏单位　故宫博物院

　　皇帝大婚亦是清宫支出的重项。清代皇帝之中，顺治、康熙、同治、光绪在紫禁城举办大婚典礼。大婚时，内务府要备办众多的宴席、嫁妆、赏赐等物品，以及大婚行礼所用礼仪用器。光绪大婚时，用金6900余两，用银550万两。

《光绪大婚典礼全图》中的筵宴

年代　清光绪
作者　（清）庆宽
收藏单位　故宫博物院

　　清宫筵宴类别繁多，有赐外廷王公大臣宴、赐内廷等位宴、皇太后圣寿节宴、千叟宴、大婚筵宴、太和殿筵宴、乾清宫家宴、赐外藩蒙古王公宴等。这些筵宴的特点是规模大，人员多，且多对筵宴人员进行赏赐。为了备办此类宴会，内务府需要购办大量食材。光绪大婚期间，内务府仅备办纳彩宴饽饽桌烧酒、元绍酒等项即用银2700余两。

513

皇帝大婚用瓷碗

年代　清同治
收藏单位　故宫博物院

　　根据记载，烧造同治皇帝的大婚用瓷用银1.8万余两，为烧造皇后用瓷用银2.5万余两。此为同治大婚用瓷，底部有"长春同庆"款。

514

东华门外祭奠慈禧旧照

年代　宣统元年（1909）
收藏单位　故宫博物院

　　清代帝后崩逝后，其葬礼非常隆重、奢华。清代帝后的陵寝中多有极为丰富的随葬品，需要内务府长时间地搜罗、准备。故其每位帝后的崩逝都是对内务府财力的考验。照片中显示的是宣统元年（1909）中元节，在东华门外焚烧法船、祭奠慈禧的场景。

各色玻璃果供

年代　清

收藏单位　故宫博物院

　　清宫的祭祀不仅供品丰富，而且祭祀用具异常精美。在紫禁城内及各帝王与其后妃的陵寝中，更陈设有大量金、银、铜、瓷制的供器。此外，宫内各处还供奉各项水果。光绪大婚期间，奉先殿内供奉果品用银700余两。

516

画珐琅花卉纹五供

年代　清

收藏单位　故宫博物院

　　五供由香炉一只、花觚一对、烛台一对组成，是清宫供器的重要组成部分。珐琅五供则是其中的精品，清宫制造的数量甚多。

517

木黄漆描金龙神牌

年代　清

收藏单位　故宫博物院

　　奉先殿前殿设列圣列后龙凤神宝座、笾豆案、香帛案、祝案、尊案等，后殿供列圣列后神牌，为"同殿异室"规制，各设神龛、宝床、宝椅、楎椸、前设供案、灯檠。凡遇朔望、万寿圣节、元旦及国家大庆等，大祭于前殿；遇列圣列后圣诞、忌辰及元宵、清明、中元、霜降、岁除等日，于后殿上香行礼；凡上徽号、册立、册封、御经筵、耕藉、谒陵、巡狩、回銮及诸庆典，均祇告于后殿。此为康熙皇帝的神位。

（三）巡幸

518

《南巡回銮图》卷

年代　清
作者　（清）王翚
收藏单位　故宫博物院

清代皇帝热衷于出巡，其中，南巡规模最为盛大。康熙、乾隆皆 6 次南巡。每次南巡，不仅地方官员、豪商巨贾备办应用物品，准备接驾，而且内务府也要预备大量沿途御用诸物及赏赉用品，所费甚多。乾隆年间，两淮盐商曾为乾隆六次南巡报效银两，共计 600 万两。

519

孝圣宪皇后半身像屏

年代　清
作者　佚名
收藏单位　故宫博物院

乾隆皇帝前四次南巡之时，其母崇庆皇太后皆与之同行。为此，乾隆皇帝特派人员、车船搭载其所需日常物品。此外，崇庆皇太后还经常赏赐接驾人员，其支出亦多。

崇庆皇太后（1692—1777），雍正皇帝熹贵妃、乾隆皇帝生母，享年 86 岁。

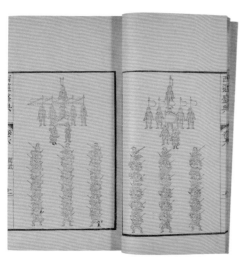

520

《西巡盛典》

年代　清

收藏单位　故宫博物院

　　除南巡外，康熙、乾隆皇帝还西巡五台山。二帝西巡的频次仅少于南巡。其中康熙 5 次、乾隆 6 次。他们西巡不仅筵赏官员，而且还不断扩建五台山的寺院和行宫，开支巨大。此为嘉庆时期编著的《西巡盛典》。

521

曲阜孔庙

　　清代皇帝尊崇儒学，康熙皇帝曾亲自赴曲阜祭孔，乾隆皇帝更是 8 次亲赴曲阜。皇帝的出行动辄月余，其间所需的米粮、蔬菜、鸡鸭鱼肉、车马草料、人工费用，以及祭孔用品、筵宴赏用等项，为数甚多。

（四）戏剧演出

522

《崇庆皇太后万寿图》中的寿安宫
戏台

年代　清
收藏单位　故宫博物院

　　清宫演戏之风甚盛。为了帝后观戏便利，清宫及各苑囿皆设有许多戏台。其中，清宫即有畅音阁大戏台、淑芳斋戏台等。崇庆皇太后七旬万寿时，内务府还在寿安宫搭建了三层的大戏台，仅此一项即用银8万余两。

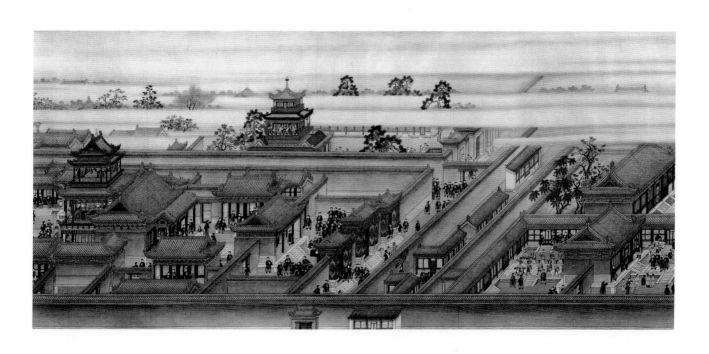

杏黄色缎猴靠

年代　清

收藏单位　故宫博物院

　　清宫演戏所用戏衣、切末等物制作精美，所费不赀。由于演出频繁，这些物品多有磨损，不便于帝后观瞻。嘉庆年间，曾一次性修补戏衣等3500余件，用银8000余两。此为《西游记》人物孙悟空的戏衣。清宫帝后万寿之际，《西游记》是常演的剧目之一。

524

木红漆彩画云蝠纹涂银粉九连环

年代　清
收藏单位　故宫博物院

此为清宫剧目《西游记》中唐僧所用道具。

525

木金箍棒

年代　清
收藏单位　故宫博物院

清宫中《西游记》除以连台本戏的形式演出外，还以单出的形式演出，如《安天会》、《水帘洞》、《芭蕉扇》等。此金箍棒即为剧中角色孙悟空所用道具。

明黄色缎平金绣"齐天大圣"字旗

年代 清
收藏单位 故宫博物院

此旗是《升平宝筏》（即《西游记》）和昆曲等戏中孙悟空受封齐天大圣时所用。

木缠彩带柄马鞭

年代 清
收藏单位 故宫博物院

升平署所用行头等物，主要由造办处盔头作成做，光绪末年每月用银 5000—9000 余两。慈禧太后七旬万寿之际，升平署以承应万寿戏差需要备办行头、切末等项 5440 余件，共需银 58 万余两。后经内务府核减，实际批准银 42 万余两。

青色缎绣葫芦金团寿字纹李铁拐衣

年代 清

收藏单位 故宫博物院

在诸多庆寿剧目中，八仙是其中的重要角色。清代帝后的万寿庆典大戏《群仙祝寿》、《八仙庆寿》、《八洞神仙》等皆以其为主。此戏衣专用于神话剧中八仙之一的李铁拐。

529

拼各色缎绣折枝花蝶金双喜字纹吕洞宾衣

年代　清

收藏单位　故宫博物院

此戏衣专用于神话剧中八仙之一的吕洞宾。吕洞宾是汉族民间信仰中最为著名、传说最多的一位，因此，除了与李铁拐等人有合作剧目外，清宫还有其专属剧目，如《纯阳祝寿》。

（五）礼佛

须弥福寿之庙

　　清代皇帝不仅在紫禁城内修建佛堂，供奉佛像，还在京内各处及承德修建庙宇，供养僧众。至乾隆时仅京城内外计有藏传佛教寺庙 32 处。这些藏传佛教寺庙的修建与修葺的经费主要来自内务府，最多时曾多达近 70 万两。其中，乾隆十三年（1748）雍和宫修缮费用即多达 5 万两。

　　据统计，乾隆帝兴建北京佛寺用银多达 1000 余万两，修建承德佛寺用银 500 余万两。

531

粉彩三世佛

年代　清

收藏单位　故宫博物院

　　内务府不仅直接出资修建藏传佛教寺庙，还为其耗费巨资铸造佛像。乾隆十三年（1748），内务府为雍和宫建造迈达里佛一尊，为此请领银 2 万两及金 300 两。至乾隆十五年（1750），阐福寺共成造无量寿佛等 3681 尊，用银 48000 余两。

532

铜镏金无量寿佛坐像

年代　清

收藏单位　故宫博物院

　　为了满足宫内及京内外其他藏传佛教寺庙的需要，清宫制作了大量的无量寿佛。乾隆二十六年（1761），内务府一次制作无量寿佛 900 尊，用铜 3000 斤，倭元 2000 斤，用银 10500 余两。

533

铜镏金文殊菩萨

年代 清
收藏单位 故宫博物院

　　菩萨，尤其是观世音菩萨、文殊菩萨等特别受到教徒的崇敬，在各藏传佛教寺庙中多有供奉。乾隆三十四年（1769），内务府为极乐世界铸造八大菩萨，用铜12000万余斤，煤炭9400余斤，银1200余两。

534

铜镏金白救度佛母

年代 清
收藏单位 故宫博物院

　　度母，全称圣救度佛母，为观世音菩萨所化现之身。藏传佛教所有教派都极为崇信度母。乾隆三十五年（1770），内务府为热河布达拉庙铸造度母、菩萨等共五尊，共用铜2000余斤，炭16000余斤，金100余两，银2200余两。

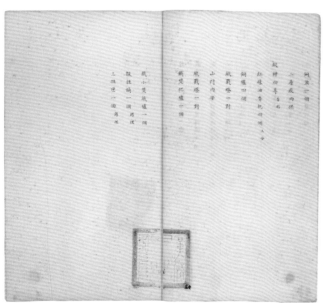

《城隍庙档案》

年代　乾隆二十一年（1756）
收藏单位　故宫博物院

除藏传佛教的寺庙外，还有其他一些庙宇亦得到内务府的财政支持。这些庙宇中所陈设、供奉的佛像及供器、甚至日用的生活品亦由内务府供应。城隍庙即其一。此档案详细记录了当时供奉神位及供器情况。

《甘珠尔经》

年代　清乾隆
收藏单位　故宫博物院

佛经是佛教教义的重要载体，清宫曾经刊刻了大量的藏文经、蒙文经及满文经。且每逢帝后万寿，皇帝及皇子都会抄写经文，以为进献。为庆祝其生母崇庆皇太后八旬万寿，乾隆三十二年（1767），皇帝特颁旨御制金书《甘珠尔》，至乾隆三十五年（1770）最终完竣。该经书共用金箔490余万张、八成金2970余两、珠宝10000余颗。

《大藏经》（满文）

年代　清乾隆
收藏单位　故宫博物院

乾隆三十七年（1772）成立清字经馆，编译满文《大藏经》。自三十七年至乾隆六十年（1795），内务府共支出翻译、校对等员银51.6余万两，刊刻、装潢等完竣，约需物料工价银59.1万余两。

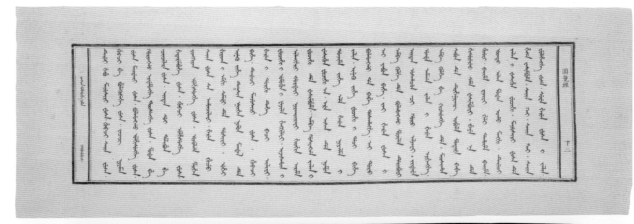

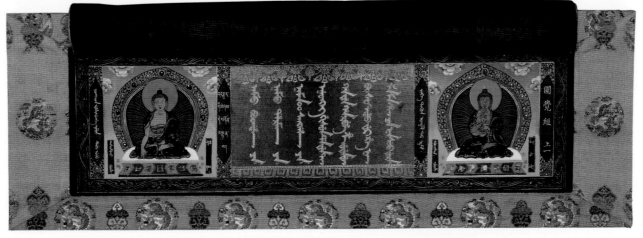

538

宫中用金色藏香

年代　清

收藏单位　故宫博物院

清宫各处佛堂用香甚多，而藏香是其中的大项。除地方进贡外，同治年间宫中尚需用各种藏香 10500 支。光绪时期，为满足宫中需要，内务府每年为此支银 1000 余两。

539

宫中用粉红色藏香

年代　清

收藏单位　故宫博物院

同治时期，宫中每年用红、黄色藏香 10000 束。

540

宫中用黄色大盘香

年代　清

收藏单位　故宫博物院

清宫用香以线香为主，但亦有其他形状。其中即有盘香。

541

万寿香

年代　清

收藏单位　故宫博物院

　　京中仁寿寺、弘仁寺等三处承担有办理万寿道场的任务，其费用亦由内务府支出，此三处每年可支领香供银 1300 余两。

542

彩色香饼

年代　清

收藏单位　故宫博物院

　　内务府不仅供应清宫用香，还直接供应京内外各处庙宇所用部分香支。乾隆三十七年（1772），京城内外 42 处庙宇，一年共用攒香 490 余斤。此外，有些寺庙还供应有香饼。内务府曾每月供应避暑山庄普宁寺香饼 120 个。

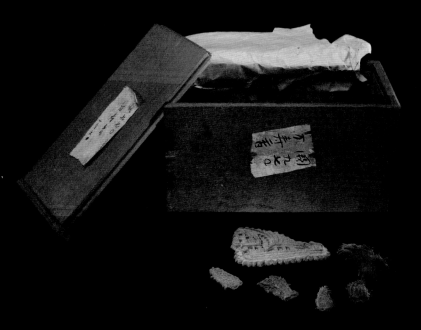

三

财务管理

543

铜直把纽"广储司印"

年代　乾隆十四年（1749）
收藏单位　故宫博物院

广储司是内务府所辖机构之一，负责财务的出纳和库藏管理。其前身为十三衙门的御用监，康熙时改置。设有总办郎中4人、郎中4人、主事1人，委署主事1人。具体负责皇庄赋税、各处进献的珍宝、毛皮、人参、茶叶等项的收用与管理。其下设六库七作二房，有匠役1216人，头领221人。

544

广储司银库箱

年代　清
收藏单位　故宫博物院

银库是广储司六库之一，在太和殿弘毅阁内，主要掌管内务府金钱、珍珠、玉石、玛瑙等各种宝石的保管与储存。设员外郎3人，司库2人，副司库2人，司匠2人，库使16人。广储司银库逢每月一、四、七日开库收发银两等项。此为清宫所藏广储司银库盛放银两的银箱，其内盖有广储司银库的火印戳记。乾隆十年至六十年（1745—1795），广储司共进银6880余万两、总支出银6770余万两。

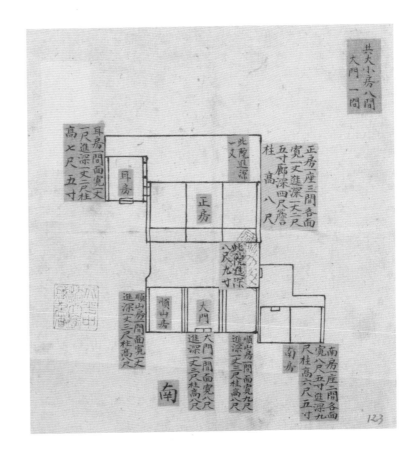

545

圆明园银库西隔壁小下处地盘尺寸图

年代　清
收藏单位　故宫博物院

清宫除内务府广储司银库外，造办处及圆明园亦有各自的银库，以满足其日常的支发需要。此二处银库所存银两为数颇丰，经常存银多达 50 余万，而每逢过多之时，皇帝都会将其指拨广储司或户部等处。

546

铁钱粮锁

年代　清
收藏单位　故宫博物院

宫中钱粮关系紧要，内务府管理甚严，所辖库房皆置备锁具，而其钥匙亦交由专人管理。遇有物品出入，必出具相关证明，方得进入。这些铁锁体量较大，有的长达 70—80 厘米。

库平款戥子

年代　清
收藏单位　故宫博物院

　　清代的银两有关平、库平、市平、漕平等之分，其中，库平银是清朝法定银两的标准成色，其他银两均须按成色折合计算。所以，各地解入内务府的银两都要按照库平标准核算。

胤禛像

年代　清雍正
收藏单位　故宫博物院

　　除内务府广储司各库外，后宫中各有其库房。这些库房主要交由各宫宫中太监管理。起初，诸多宫中库房并无管理账册，至雍正七年（1729），方始建立档册，但记录混乱，以致诱发太监大量侵盗太妃宫中物品。

景福宫抱厦

　　康熙皇帝之惠妃于乾隆八年（1743）晋封为温惠皇贵太妃，居住于景福宫。在其逝世之后，内务府查出该宫管库太监偷窃太妃财物，数额甚巨。

弘历像

年代　清乾隆
收藏单位　故宫博物院

　　对于太监偷窃太妃宫中财物之事，乾隆皇帝非常重视，要求内务府严查相关人员，并对宫中的财务管理严格要求，加强物品出入库房及禁城的管理。但其效果有限，宫中人员侵盗宫中财物的情况仍时有发生。

后 记

　　兹蒙朱诚如、任万平两位院长不以吾学识浅薄，令参与编写《清宫图典》之内务卷，不胜荣幸之余，更有惶恐：清宫内务体系庞大，事务繁杂，学界研究较为薄弱，编写的难度颇大。几经努力，书稿始得见成。在此感谢朱诚如、任万平两位院长及《清宫图典》其他各卷主编老师提供无私帮助，感谢故宫出版社宫廷历史编辑室王志伟先生、伍容萱女士认真负责的审校，感谢科组同事给予工作中的照顾。

　　最后，若书中有任何错误，欢迎专家学者批评指正！

滕德永

2018 年 11 月 1 日

图书在版编目（CIP）数据

清宫图典.内务卷/故宫博物院编.——北京：故宫出版社，
2019.12
　ISBN 978-7-5134-1132-5

　Ⅰ.①清…　Ⅱ.①故…　Ⅲ.①宫廷-史料-中国-清代-图
集②内政部-史料-中国-清代-图集　Ⅳ.① K249.06-64

　中国版本图书馆 CIP 数据核字 (2018) 第 289930 号

清宫图典
内务卷

故宫博物院 编
主　　编：朱诚如　任万平
本卷编著：滕德永
出 版 人：王亚民
责任编辑：伍容萱　宋 文
篆　　刻：阎 峻
装帧设计：李 猛
责任印制：常晓辉　顾从辉
出版发行：故宫出版社
　　　　　地址：北京市东城区景山前街 4 号　邮编：100009
　　　　　电话：010-85007808　010-85007816　邮箱：ggcb@culturefc.cn
制版印刷：北京雅昌艺术印刷有限公司
开　　本：889 毫米 ×1194 毫米　1/16
印　　张：24.25
字　　数：310 千字
版　　次：2019 年 12 月第 1 版
　　　　　2019 年 12 月第 1 次印刷
书　　号：ISBN 978-7-5134-1132-5
定　　价：396.00 元